독자의 1초를 아껴주는 정성!

세상이 아무리 바쁘게 돌아가더라도
책까지 아무렇게나 빨리 만들 수는 없습니다.
인스턴트 식품 같은 책보다는
오래 익힌 술이나 장맛이 밴 책을 만들고 싶습니다.

땀 흘리며 일하는 당신을 위해
한 권 한 권 마음을 다해 만들겠습니다.
마지막 페이지에서 만날 새로운 당신을 위해
더 나은 길을 준비하겠습니다.

독자의 1초를 아껴주는
정성을 만나보십시오.

미리 책을 읽고 따라해 본 2만 베타테스터 여러분과
무따기 체험단, 길벗스쿨 엄마 기획단,
시나공 평가단, 토익 배틀, 대학생 기자단까지!

믿을 수 있는 책을 함께 만들어주신 독자 여러분께 감사드립니다.

(주)도서출판 길벗 www.gilbut.co.kr
길벗이지톡 www.eztok.co.kr
길벗스쿨 www.gilbutschool.co.kr

엄마는 유튜브로 연봉 번다

초판 발행 · 2019년 11월 25일

지은이 · 김태은
발행인 · 이종원
발행처 · (주)도서출판 길벗
출판사 등록일 · 1990년 12월 24일
주소 · 서울시 마포구 월드컵로 10길 56(서교동)
대표전화 · 02)332-0931 | **팩스** · 02)322-0586
홈페이지 · www.gilbut.co.kr | **이메일** · gilbut@gilbut.co.kr

기획 및 책임편집 · 박윤경(yoon@gilbut.co.kr) | **디자인** · 배진웅 | **영업마케팅** · 정경원, 최명주
웹마케팅 · 이정, 김진영 | **제작** · 손일순 | **영업관리** · 김명자 | **독자지원** · 송혜란, 홍혜진

교정교열 및 편집 진행 · 이정임 | **전산편집** · 트인글터 | **CTP 출력 및 인쇄** · 예림인쇄 | **제본** · 예림바인딩

ⓒ김태은, 2019
ISBN 979-11-6050-970-0 13320
(길벗도서번호 070421)

정가 15,000원

. . . .

독자의 1초까지 아껴주는 정성 길벗출판사

길벗 IT실용서, IT/일반 수험서, IT전문서, 경제실용서, 취미실용서, 건강실용서, 자녀교육서
더퀘스트 인문교양서, 비즈니스서
길벗이지톡 어학단행본, 어학수험서
길벗스쿨 국어학습서, 수학학습서, 유아학습서, 어학학습서, 어린이교양서, 교과서

네이버포스트 · https://post.naver.com/gilbutzigy
유튜브 · https://www.youtube.com/ilovegilbut
페이스북 · https://www.facebook.com/gilbutzigy

엄마는 유튜브로 연봉 번다

김태은(맘스라디오 대표) 지음

길벗

경력단절 엄마, 2년 만에 연매출 2억 원을 달성하다

경력 단절로 얻은 아이디어 하나

창밖에 아이들의 웃음소리가 들리고, 바람에 흔들리는 나무를 보며 나는 아이를 안고 있었다. 한때는 바깥세상과 내가 분리된 것 같았다. 모두가 행복하게 웃고 있는데, 나는 말도 못하는 이 아이를 24시간 돌봐야 한다는 생각에 마음이 너무 답답하고 무거웠다.

그런데 점점 그 시간들에 익숙해지더니, 반복되는 일상에 작은 기쁨이 찾아왔다. 아이가 젖을 잘 먹으면 기뻤고, 기저귀를 개운하게 갈아준 뒤 바동거리며 잘 놀면 행복했고, 까르르 하고 웃으면 세상을 다 얻은 듯했다. 무엇보다 잠투정을 적게 하고 잠드는 날이면 복 받은 하루 같았다.

세상에 육아만큼 고되고 힘든 일이 있을까? 그러나 그만큼 큰 기쁨을 주는 일은 또 없는 것 같다. 하루하루 성장하는 아이를 보는 기쁨은 정말 형용하기 어렵다.

나는 육아의 기쁨과 지혜를 나누고 싶었다. 그러다 문득 이런 생각이 들었다.

'왜 엄마들을 위한 라디오는 없을까?'

엄마들을 위한 라디오, 오픈하다

이 아이디어는 점점 발전해서 육아한 지 1년이 지난 어느 날, '맘스라디오'라는 콘텐츠 플랫폼으로 세상에 나왔다.

처음엔 아이를 업고 다니며 사람들을 만나서 일했다. 그러다가 아이가 보육시설에 갈 즈음엔 사무실에 출퇴근하면서 엄마들을 위한 콘텐츠를 만들었다. 그렇게 고군분투했지만 첫 2년간은 월급을 받지 못했다. 오히려 여기저기서 돈을 끌어다 쓰느라 발을 동동거렸다. 투자를 위한 피칭을 하고 정부 지원금을 받기 위해 뛰어다녔다.

또 사무실에 이사했을 때, 보증금이 없어서 출연자에게 빌리기도 했다. 그런데 한치 앞을 모르는 상황에서도 엄마들은 계속 찾아왔고, 방송은 제작되었으며, 맘스라디오를 시청하는 사람들이 점점 많아졌다.

나는 경력 단절인 상황이라 신용 대출도 안 나왔다. 그래서 남편의 월급을 쪼개 쓰며 간간히 버텼다. 그때 비즈니스가 무엇인지, 뼈저리게 배웠다.

당시 한 여성 CEO가 나에게 해준 조언이 있다.

"계속해서 큰 그림을 보세요. 5년 후 10년 후 어떤 기업이 될 것인가를 바라보고, 세부적인 계획을 이루어가세요."

그녀의 말은 눈앞에 있는 일을 처리하기 너무 바빴던 나의 시야를 넓혀주었다. 그녀는 회사를 대기업과의 M&A에 성공시킨 유일한 한국 사람이었다.

그때부터였다. '5년 후, 10년 후 내가 바라는 맘스라디오의 모습은 어떤 모습일까?' 이런 생각을 계속하며 작은 일들을 결정해 나갔다. 그래서 개인사업자에서 법인사업자로 전환하였으며, 전문 세무회계의 자문을 받으며, 기초부터 튼튼히 쌓아올리려고 노력했다.

힘들 때마다 하하하 웃었더니

지난 2년간 엄마들에게 도움이 되는 콘텐츠를 만들기 위해 묵묵하게 일했다. 당장 돈이 되지 않아도 좋은 콘텐츠라면 계산하지 않고 제작했다.

물론 그런 마음을 알아주지 못하는 사람을 만날 때도 있었다. 스태프들의 노고를 당연하게 여기며, 자신의 이익을 챙기는 사람들을 수없이 대했고 그때마다 속상했다. 거기다가 재정이 바닥을 드러내기도 했다. 그럴 때면 그만두어야 하나 싶은 생각이 밀려왔다. 하지만 그 CEO의 말이 나를 잡아주었다.

'누가 시켜서 하니? 어차피 내가 좋아서 하는 일이잖아. 내일 문을

닫더라도 오늘 재미있게 콘텐츠를 만들어보자.'

그렇게 일하다 보니 '하하하' 나는 늘 웃는다. 내가 하는 일이 정말 재미있어서 웃음이 나온다. 그리고 웃으면 복잡한 일도 잘 해결된다. 속도 없이 웃고 있다고 남들이 생각할지 모르겠지만, 어떤 일을 만나더라도 웃으면서 지나가는 방법을 배운 것 같다. 아마 힘들 때마다 울었다면? 난 지금 계속 울고 있을 것 같다. 그래서 오늘도 하하하!

평범한 엄마의 꽃길 찾기

그렇게 웃으며 콘텐츠를 만들다보니, 2년 만에 매출이 월 2천만 원, 연 2억 원 이상을 달성했다.

이 책에서는 좋은 학교 출신도 아닌 평범한 엄마가 경력 단절 이후, 자신이 좋아하는 일로 어떻게 자기만의 업을 만들었는지, 그리고 글로벌 플랫폼인 '유튜브'에서 어떻게 사업을 펼쳐나갔는지를 자세히 소개하고자 한다.

인생은 스스로 자신만의 길을 만들어가는 여정이 아닐까. 복잡하고 빠르게 변하는 세상 속에서 길을 찾고 만들어가는 나의 이야기가 당신의 인생길에 조금이나마 도움이 되길 바란다.

김태은

차
례

1장   나는 엄마 유튜버다
: 엄마들을 위한 라디오를 만들기까지

2장 유튜브 비즈니스로 창업하기
: 유튜브로 창업하는 방법

3장 엄마 유튜버 크리에이터 되기
: 맘스라디오 유튜버 크리에이터의 성공법

엄마는 유튜브로 일일 번다

1장

나는 엄마 유튜버다

: 엄마들을 위한 라디오를 만들기까지

육아의 현실앞에
무릎 꿇다

현실 육아로 무너진 복직의 꿈

"미안해서 어떡하죠?"

수화기 너머에서 들려오는 PD의 목소리에 불길한 예감이 들었다. 아이를 임신했을 때, 함께 즐겁게 방송을 만들었던 그녀가 조심스럽게 말했다.

"다시 복직하는 건 어렵지 않을까요?"

분명 아이 낳고 2개월 후에 복직하기로 약속했는데……. PD는 일을 계속할 수 있겠느냐며, 아무래도 더 쉬는 게 좋을 것 같다고 말했다. 그 말을 들으니, 마음이 복잡해졌다.

전화해준 PD도, 2개월간 대신 프로그램을 맡아준 작가도 아이를 키우는 선배 맘이었기 때문에 내가 기대를 한 것 같다. 내 상황을 누구보다 이해해주고 복직을 잘 도와주지 않을까 하고. 그런데 두 사람 다 2개월 만에 복직하기는 쉽지 않을 거라고 결론을 내렸다. 이게 육아 맘의 현실인가?

그들의 판단대로 복직을 할 수 없었다. 생후 2개월 된 아이는 아직 모유 수유는 물론이고 밤중 수유까지 해야 했고, 자다 깨기를 반복했다. 이런 아이를 두고 어디에 갈 수 있겠는가?

또 회복이 덜 된 내 몸은 어떻게 하고? 잠을 푹 잔 지 너무 오래되었고, 정신이 몽롱해서 무언가에 집중하기도 힘들었다. 머리는 이미 직장에 가 있는데, 몸과 마음은 아이와 하나로 호흡하는 것 같았다.

"네. PD님. 저도 복직은 힘들 것 같아요. 아이 좀 더 키우고 연락드릴게요."

물론 그때 다시 일을 시작했다면 어떻게든 됐으리라. 세상에 안 되는 일은 없으니까. 하지만 출산 후 육아의 현실을 경험하니, 복직을 불편해하는 사회 분위기가 이해되었고 받아들여야 했다.

경력 단절은
나에게 또 다른 기회의 문을 열어주었다.
만약 그때 그만두지 않았다면,
내가 맘스라디오를 시작할 수 있었을까?

엄마로서 하루하루에 최선을 다하다

경력이 단절되어 슬프지는 않았다. 오히려 처음 세상에 나와서 만난 이 아기와 하루하루를 재미있게 살기로 다짐했다.

그때 나의 평범한 일과는 이랬다. 아이가 일어나면, 모유를 먹이고, 여유 있게 집에서 음악을 듣고, 그림책도 보여주면서 시간을 보낸다. 그리고 조금 칭얼거리며 지루함을 표시하면, 휴대용 분유와 기저귀를 얼른 준비해서 유모차에 태우고 가까운 카페에 마실 나간다. 가는 동안 아이는 잠이 들고, 나는 그곳에서 차 한 잔을 마시며, 읽고 싶은 책을 읽는다. 하루 중 가장 꿀 같은 시간이다.

한 시간 정도 나만의 시간을 보내면 유모차 안에 있는 아이가 잠에서 깬다. 카페에는 음악도 흐르고 사람들도 있어서 아이는 흥미롭게 이곳저곳을 둘러본다. 아이를 안고 카페 안을 둘러보면, 조금 익숙해진 카페 주인과 손님들이 아기가 귀엽다며 한 번씩 안아준다. 그때 엄마는 조금 더(?) 쉴 수 있다. 집에서 엄마랑 둘이 있는 것보다 많은 사람과 눈을 마주치며 크는 아기가 똑똑하다는 말을 어디선가 들은 것 같다며 스스로를 위안한다.

이렇게 엄마도 외부의 에너지를 받고 세상과 소통하고, 아이도 다양한 사람을 만나면, 하루 중 반이 지나간다. 집으로 돌아오는 길에 필요한 음식도 사고, 공원이나 경치가 좋은 자연에서 시간을 잠시 보내면 금세 저녁이 된다.

카페 안 유모차에서 아이가 자는 동안 나는 책을 보았다.
하루 중 가장 꿀 같은 시간이었다.

집으로 돌아와 아기에게 모유를 먹이고, 따뜻한 물로 몸을 씻긴다. 시원하게 씻은 후 아이가 기분 좋게 놀다가 또 찡얼거리면, 바로 안거나 업어서 재운다. 그때쯤 남편이 오면 바통을 터치하고 육퇴(육아 퇴근)를 한다. 샤워를 하고 저녁을 먹고 일찍 잔다. 그다음 야간 근무를 준비해야 하기 때문이다.

아이는 밤중에 두어 번 깬다. 아이 울음소리에 수유를 하고 틈틈이 쪽잠을 자고……. 당시에 나는 이렇게 하루하루를 보냈다.

임신했을 때부터 아이를 어떻게 키울까 고민하며 영재 교육에 관한 책들을 읽었다. 아이에게 사물의 이름을 가르쳐주고, 식탁이나 거실 바닥에 한글 단어 카드를 펼쳐놓고, 잡기 놀이도 많이 했다. 그중에서 아이를 품에 안고 동화책 읽어주기를 가장 많이 했다. 아이는 엄마 품에 안겨 그림 보는 시간을 참 좋아했다.

초보 엄마의 간절함이 창업 아이디어로 이어지다

엄마가 처음이라서 하루하루가 모험이었다. 아이는 이유 없이 짜증내고, 울고, 떼썼다. 어떤 날은 열이 펄펄 끓어 밤새 잠 못 들었다. 또 밥을 잘 안 먹는 날, 하루 종일 잠만 자는 날, 피부에 두드러기가 올라오는 날……. 예고 없이 무슨 일이 계속 벌어졌다.

육아는 매일이 전쟁이었다. 어디가 아픈지 말을 못하는 아이와 왜 그런지 이해하지 못하는 초보 엄마의 답답한 상황이 이어졌다.

나는 그때그때 잘 대처하지 못했다. 엄마와 아이, 서로가 뜻대로 되는 것이 없었다. 이렇게 전쟁 같은 감정의 소용돌이가 끝나고 잘 시간이 되면, 아이가 얼마나 예뻐 보이는지. 그때만큼 아이가 사랑스러운 시간은 없었다.

그런데 내가 아이를 잘 키우고 있는지, 도대체 어떻게 해야 이 사랑스러운 아이를 잘 돌볼 수 있는지, 자주 의문이 들었다. 동아리라도 있다면 가입하고 싶었고, 인강(인터넷 강의)이 있다면 듣고 싶었다. 틈틈이 육아 서적을 읽었지만, 딴 집 아기를 말하는 듯해서 적용하기가 쉽지 않았다.

그때 집에 있을 때 주로 라디오 클래식 채널을 틀어놓았다. 아이에게 클래식을 들려주기 위한 나의 극성 중 하나였다.

그런데 어느 날처럼 라디오를 듣다가 갑자기 '왜, 엄마들을 위한 라디오는 없을까?'라는 생각이 떠올랐다. 라디오에 사연을 보내는 청취자 중 대부분이 엄마들인데……. 번뜩 단어가 스쳐지나갔다. 바로 '맘.
스. 라. 디. 오.'

그 단어가 스쳐지나갈 때, 나는 손을 꽉 잡았다. 가슴이 뛰었다. 그
리고 검색을 해보았는데, 맘스라디오라는 이름은 아직 없었다. 영어
로도 검색해보니, 필리핀의 한 FM방송 이름 중에 momsradio가 있을
뿐이었다.

이거다 싶었다. 나는 엄마들을 위한 라디오를 만들어야겠다고 생
각하고, 30분 만에 마인드맵을 그렸다. 그것은 앞으로 확장해나갈 나
의 비즈니스맵이 되었다.

처음 그린 맘스라디오 마인드맵

갑자기 가슴이 콩닥콩닥 뛰었다. 마인드맵을 통해 나의 생각을 펼쳐나가니, 너무 재밌을 것 같았고, 할 수 있겠다는 생각이 들었다.

"그래! 하나씩 해보자!"

이것이 맘스라디오의 시작이었다.

인생은 생각의 거울이라고 하지 않는가. 지금 내가 살고 있는 삶은 나의 생각이 반영된 거울이다. 그러니 나의 현재 생각을 점검하고 원하는 인생을 그려 나가는 일은 정말 중요하다. 이때 마인드맵은 매우 유용한 도구가 된다.

유튜브로 돈 버는 팁

마인드맵 그리기

❶ 하나의 단어에서 떠오르는 아이디어를 가지처럼 펼쳐갈 수 있다.

❷ '씽크와이즈'라는 마인드맵 프로그램을 검색하여 무료 체험 버전을 사용해보자.

❸ 그 후 화면을 캡처하여 저장해놓자. 계획, 시간표뿐 아니라 나만의 버킷리스트가 담긴 인생 보물 지도를 얻을 수 있다.

집에서 사업을
시작할 줄이야

●

경력은 끊어져도 재능의 끈은 놓지 않았다

육아를 하면서는 방송국으로 출근하지 않았다. 하지만 인터넷 방송국에서 하는 팟캐스트 DJ 활동은 지속하기로 했다. 매주 목요일에 2시간씩 하는 생방송이었는데, 출산하고 2개월이 지난 후 복귀하기로 청취자들과 약속했다. 시기가 빠르긴 했지만, 나는 다시 마이크 앞에 앉았다.

아기가 생후 2개월밖에 안 되어 친정 엄마와 함께 방송국에 가야 했다. 방송을 진행하는 동안 스튜디오 밖은 전쟁이었다. 국장님이 아이가 울까 봐 티슈를 뽑아서 눈처럼 날리며 놀아주고 있었고, 친정 엄마는 오가는 길이 멀어 너무 피곤해하셨다. 그래서 자연스럽게 이런 생각이 떠올랐다.

'매번 이렇게 해야 하나? 집에서 방송을 하면 어떨까?

요즘에야 집에서 방송하는 사람들이 많지만, 그때는 드물어서 새로운 모험을 하는 기분이 들었다.

컴퓨터가 있는 작은 방에 마이크 두 개, 오디오 콘솔 하나를 구입했다. 이렇게 홈 스튜디오가 완성되었다!

집에 있는 컴퓨터 + 오디오 콘솔 1개 + 마이크 2개 + 마이크대 2개 = 총 비용 약 40만 원

이제 이 작은 방은 마우스로 클릭만 하면 바로 청취자와 만날 수 있는 방송실이 되었다. 물론 열악한 환경 때문에 지나가는 차 소리와 창밖의 아이들 소리가 생생하게 녹음되기도 했다. 또 거실에서 친정 엄마가 아이를 봐주고 있었는데, 종종 아이가 떼쓰거나 엄마가 보고 싶다고 하면, 방송하다가도 일어나서 아이를 안아야 했다. 그래서 초대 손님이 등장하는 판국에 국내 최초로 아이 업은 방송인이 되기도 했다.

방에서 아이를 업고 팟캐스트 녹음하던 날. 개그우먼 신고은 씨와 함께.

와우씨씨엠 '테니의 솜사탕' 방송 중. 이날도 신고은 씨와 집에서.

방송작가, 크리에이터로 변신하다

방송작가로 일한 지 14년이 넘어가면서, 한국방송작가협회의 회원 자격을 얻었다. 매월 배달되는 작가협회 소식지에는 공중파 방송의 위기에 대한 칼럼이 꾸준히 실린다. 요즘도 '1인 미디어 시대, 콘텐츠 플랫폼의 시대, 공중파 방송은 어디로 향해야 하는가?'라는 질문이 방송계의 큰 이슈다.

방송작가는 어떤 일을 하는 사람일까? 방송 전체의 기획과 콘셉트를 만들어내어 그것을 모두가 알아볼 수 있게 글로 표현하는 업무를 한다.

방송국의 스태프들은 작가가 쓴 원고를 보고, 진행자들이 해야 하는 말, 초대 손님이 해줄 이야기, 방송 순서 등을 서로 공유한다.

이 일 덕분에 나는 수많은 사람을 만났다. 또 사람들이 만나고 싶어 할 사람을 섭외했다. 무엇보다 섭외한 사람의 스토리를 어떻게 방송에서 매력적이고 재미있게 보여줄 것인가를 고민했다.

오늘 방송에서 어떤 사람들을 만나게 될지, 어떤 이야기들을 하게 될지(심지어 애드립까지) 작가는 이미 알고 있다. 사전 자료 조사를 통해 미리 상상하며 원고를 썼기 때문이다.

원고를 다 쓴 다음에는 드디어 녹화하는 시간을 기다린다. 녹화 시간에는 초대한 진행자들과 오늘 방송할 내용들을 조율하고, 인증샷도 찍고……

그런 다음에 방송이 진행된다. 만약에 작가의 머릿속에 그려놓은 상황대로 방송이 잘 진행되면, 나아가서 진행자가 포인트를 더 잘 살려내고 초대 손님도 입담이 좋고, 여기에 방청객들의 호응까지 좋으면 방송작가는 가슴 뿌듯한 보람과 희열을 느낀다.

방송작가의 역할은 사람과 세상의 이야기를 잘 풀어내는 데 있다. 그것은 마치 엄마의 역할과 닮았다. 엄마들은 시장에서 사온 재료를 어떻게 잘 요리해서 내놓을 것인가를 고민한다. 가족들의 입맛에 맞는, 자꾸 손이 가는 음식을 만들려는 것이 엄마의 마음이 아닌가. 방송작가도 그날그날 일상의 이야기들, 이슈가 되는 인물을 잘 선정하고 이야기를 요리하여 사람들에게 소개한다.

이런 방송작가 일을 14년 넘게 하게 되면 '특정 감각'이 생긴다. 어떤 사람을 만나 2~3시간씩 얘기하다 보면, 이 사람에게 어울리는 메인 카피와 콘셉트가 떠오른다!

재능의 끈을 놓지 않으려고 스튜디오 녹음실에 아이를 데리고 갔다. 아이가 칭얼거리긴 했지만 30분 동안 잘 버텨주었다.

방송작가로서 나는 엉뚱한 상상들을 떠올리기도 한다. 남들에게 이야기하면 의아한 반응을 보일 때도 있다. 하지만 떠오르는 생각을 실천해야 직성이 풀리는 스타일이라서 적극적으로 방송에서 시도해 본다. 요즘도 같이 일하는 PD와 직원들이 이 점 때문에 당황할 때가 있다. 그러나 막상 영상이 나오면 대부분 재밌어 한다.

사람을 만나고 거기서 나오는 아이디어로 제작되는 콘텐츠, 그 과정이 나를 행복하게 한다. 무에서 유를 창조하는 일, 이는 방송작가로서 해왔던 일이지만, 본질적으로 크리에이터의 일과 같다. 이런 일에서 나는 본능적인 기쁨을 느낀다.

●

돌이 된 아기를 업고 사업할 수 있을까?

지금 세상에서 눈에 보이는 모든 것은 다 누군가의 보이지 않는 아이디어, 생각에서 비롯되었다. 의자 하나를 예로 들어보겠다. 의자가 처음 세상에 나오기 전에는 누군가의 생각 속에 먼저 있었다. 그리고 그것은 실제 의자로 만들어졌다.

그뿐만이 아니다. 지금 우리가 보는 모든 것은 이미 누군가의 생각 속에서 존재했다. 머릿속 아이디어가 세상에 나오도록 만드는 일, 그것이 크리에이터의 일이라고 정의 내리고 싶다.

크리에이터는 생각할 수 있는 인간이라면, 누구나 될 수 있다. 다만 생각할 시간이 없이 쫓기듯 사는 것이 아쉬울 따름이다.

그렇다면 내 머릿속에 있었던 맘스라디오는 어떻게 세상에 나오게 되었을까?

그 시작점은 너무 갑작스러웠다.

어느 날 남동생이 조카를 볼 겸 집으로 찾아왔다. 맘스라디오 아이디어를 이야기하니, 동생은 너무 좋아하면서, "누나, 내가 사업을 도울 테니, 꼭 했으면 좋겠어!"라고 말하는 게 아닌가. 사업을 하고 있던 남동생은 본인이 두 팔을 걷고 나서며 시작해보라고 했다.

나는 일을 이렇게 시작하리라고는 꿈도 못 꿨다. 복직도 포기하지 않았는가. 돌이 된 아이를 업고 라디오를 듣던 내가 어떻게 사업을 할수 있을까? 단지 이런 서비스가 있으면 좋겠다고만 생각했는데, 남동생은 당장 시작해보자고 권유했다.

어떻게 시작해야 할지 몰랐지만, 내 머릿속에서는 계속 방송 포맷과 기획, 출연할 사람들이 떠올라서 생각만으로도 즐거웠다. 그즈음 메신저로 한 친구에게 연락이 왔다.

"언니, 이 동네 살아? 우리 당장 만나자!"

5년 전쯤 공연 행사에서 함께 일했던 PD였다. 그녀는 그 사이에 두 아이를 낳았고 같은 동네에 살고 있었다. 실력 있는 PD였지만 출산과 육아로 경력이 단절된 지 6년째였다. 마침 일하고 싶어서 근질근질하던 그녀와 당장 만났고, 나는 맘스라디오에 대한 아이디어를 얘기했다.

"언니, 완전 소름! 너무 좋다. 재밌을 것 같아. 나도 같이 하면 안
돼?"

그녀는 열렬히 반응했다. 그 후 비슷한 경력 단절 6년 차 작가 맘
까지 연결되었다. 나는 한 인터넷 방송 국장을 집으로 초대했다. 그
에게 사례를 하고 우리 세 엄마들에게 팟캐스트 녹음 및 편집 방법을
알려달라고 부탁했다. 우리는 3회에 걸쳐서 교육을 받았다.

와우씨씨엠 김대일 국장에게 교육을 받았다. 경력 단절 6년 차 정민혜, 강차미 씨와 함께.

아이를 키우는 상황이 유리할 수 있다

거창하게 사업을 시작하지 않았다. 돌이 안 된 아기를 안고 업고,
그냥 그 모습 그대로 집에서 시작했다. 아이를 슬링에 안고 다니면서
사람들을 만나고, 집중해야 할 때는 동네의 육아종합지원센터의 시간

제 보육 시스템을 이용했다.

비용이 시간당 천 원 정도여서 활용하기 매우 좋았다. 회의는 그 센터 앞 푸드코트에서 만나서 했다. 나머지 서류 작업은 아이가 잠을 잘 때 하나씩 처리했다.

무슨 일이든 시간이 필요한 법이다. 밤새 매달린다고 일이 잘되지 않는다. 매일 조금씩 씨앗을 뿌리고, 그 일이 어떻게 진행되는지 보고, 또 다음 일을 진행하면서 기다리는 시간이 필요하다.

아이 때문에 일을 못하는 게 아니라, 아이 덕분에 나는 천천히 그러나 꾸준히 흐름을 보면서 일할 수 있었다. 그런 의미에서 아이를 키우는 상황은 장애물이 아니라 인내를 기르는 버팀목이 되어준 것 같다.

일할 때는 바짝 집중해서 일하고, 일할 수 없을 때는 기다리는 법을 배웠다. 그것이 나에게 약이 되었다. 가늘지만 길게, 적은 수익이라도 꾸준히 정기적으로 들어오는 사업을 구축할 수 있는 기반을 만들었다. 작은 물방울이 바위를 뚫듯이, 적은 수익이라도 매월 정기적으로 들어오는 것이 중요하기 때문이다.

바쁜 엄마의 시간 활용법

한국노동연구원의 '시간 빈곤에 관한 연구'를 보면 한국 성인들은 주당 평균 50.2시간의 자유시간을 가진다. 그중 직장에 다니며 미취

학 자녀를 돌보는 40대 기혼 여성이 가장 극심한 '시간 빈곤(타임푸어)'에 시달린다.

시간 빈곤층에 진입한 나는 어떻게 하면 나만의 시간을 가질 수 있을지 고민하며 여러 시행착오를 거쳤다. 우선 아이가 자는 시간을 활용했다. 감사하게도 아이들은 8~9시간씩 잔다. 그중 나만의 시간은 2시간 정도 확보할 수 있다. 피곤해서 같이 잠이 들었을 때는 새벽에 일어나 아이가 깨기 전까지 나만의 시간을 반드시 갖는다.

일어나서는 유튜브 채널에 들어가 조회 수를 확인하고, 새로운 댓글에 답글을 달아주는 데 5분 정도 쓴다. 내가 운영하는 채널이기에 틈틈이 들어가 관리하고, 구독자와 소통하는 일은 매우 중요하다.

그다음에는 책을 읽는다. 최근 내가 공부하고 싶은 부분, 알고 싶은 분야의 책을 틈틈이 주문해놓는다. 사업, 자기계발, 경제, 인문학, 심리학 등의 책을 사서 한 번에 한 책이 아닌, 멀티 독서를 한다.

어느 날 자기계발서가 당기면 그 책을 읽고, 심리학책이 필요하면 그것을 먼저 읽는다. 밥을 먹듯이 아침에 일어나 가장 먼저 책을 읽는다. 틈틈이 독서하며 나를 채우는 일이 유튜브를 하면서 다양한 콘텐츠를 만들고 창업을 하는 데 많은 지혜를 가져다주었다.

최근 이슈는 무엇인지, 사람들 생각의 흐름은 어떠한지, 성공한 사람들의 생각과 삶을 관찰하기에 책만 한 보물이 없다. 게다가 최근에 시간이 없고, 이동하기 쉽지 않은 엄마들이 책을 통해서 성장하는 사례도 많이 보아 왔다.

가까이에 나만의 공간을 만들자

출산 후 시간만 없는 게 아니다. 엄마들은 자기만의 공간이 없는 경우가 많다. 맘스라디오에 출연한 따봉맘 김수희 작가님의 경우, 초보 엄마가 되어 자기만의 시간, 공간이 없어 우울감에 시달렸다. 그래서 하루 10분 그림 그리기를 시작한 것이 계기가 되어 책을 출판하고, 강사가 되었다.

영상 보기

그녀는 변화하기로 하고 가장 처음 자신만의 공간을 확보했다. 노트북 하나 놓을 자리를 마련했다. 그리고 모든 변화가 시작되었다.

그녀는 하루에 10분씩 자신만의 그림을 그리면서 잠들어 있던 잠재력을 다시 끌어올렸으며, 조금씩 자기 자신을 되찾았다. 그림은 점점 쌓여 책으로 출판되었고, 지금은 육아하는 엄마들에게 힘을 주는 강연자가 되었다.

나 역시 나만의 공간을 마련했다. 자는 아이를 지켜볼 수 있으면서 편하게 드나들 수 있는 곳. 바로 화장대였다.

화장대를 서재 겸 나의 책상으로 활용했다. 아침에 일어나면 먼저 거기에 앉아 독서를 한다. 화장품은 몇 개 없다. 실제 화장하는 시간은 5분도 안 걸리는데, 그래서인지 "오늘 화장을 했냐?"는 질문을 받기도 한다.

화장대를 책상으로 쓰면 싫든 좋든 매일 자신의 얼굴을 보면서 독서할 수 있어서 좋다. 운동할 때 큰 거울이 있으면 변해가는 자기 모습을 지켜볼 수 있으며, 실제로 자신이 바라는 몸매로 빠르게 변할 수 있다. 이것이 거울 효과인 것 같다.

나는 틈틈이 내가 책을 읽는 모습, 성장하는 모습을 나 스스로 지켜본다. 다른 사람을 의식하는 게 아니라 내가 나를 바라보기에 더 진실하게 내 삶에 임할 수 있다고 생각한다.

●

있는 그대로의 나를 사랑할 기회

예전에는 거울을 보는 게 싫었다. 뭐 하나 마음에 드는 구석도 없었다. 통통한 얼굴에 작은 눈, 여드름까지. 특히나 마음에 드는 것이 하나도 없었던 사춘기 시절에는 거울을 보는 자체가 싫었다.

늘 다이어트에 대한 욕구가 커서 사과만 먹고 2~3일을 버틴다든지, 황제 다이어트나 원 푸드 다이어트 등을 쉼 없이 했다. 나 자신도 나를 용납하지 않았던 그 시절은 떠올리기 싫다.

그런데 아이를 낳고 나서부터 나는 나를 받아들이기 시작했다. 딸아이가 너무 사랑스럽다. 나는 아이를 안을 때마다 수시로 뽀뽀를 한다. 지금도 보기만 하면 뽀뽀를 한다. 아이가 어떤 일을 하든지 그렇게 사랑스러울 수가 없다.

나를 닮은 딸아이를 보면서 내 안에 있는 어린아이를 받아들이게 된 것 같다. 그냥 그렇게 있는 모습 그대로 너무나 사랑스러운 아이를! 통통하든 눈이 크든 작든, 지금 모습 그대로 나는 너무나 사랑스러우며, 이렇게 사랑받기 위해 태어난 존재임을 몸으로 깨닫고 있다. 아이를 보면 내 눈에는 하트가 생기고, 엄마 미소를 많이 짓게 된다. 그래서 얼굴 인상도 더 부드러워졌다. 나 자신을 있는 그대로 받아들이고 사랑하면서 마음이 더욱 편안해졌다.

출산 후 급격히 변화된 삶과 체력으로 우울한 점도 많지만, 사랑하는 마음이 커졌다. 어린 내가 얼마나 사랑을 갈구했고, 사랑받고 싶어 했는지를 떠올리며, 지금의 딸에게 또 나 자신에게 사랑하는 마음으로 대하게 된다.

아이를 안을 때마다 내 내면의 어린아이를 안아주며, 나 자신을 다독인다. 그럴 때면 신이 육아하는 시기를 통해 나 자신을 사랑할 두 번째 기회를 주었다는 생각이 든다.

나 자신을 있는 그대로 사랑할 기회를! 지금 나는 거울 속의 내가 너무나 마음에 든다. 매일 아침 내 눈을 보며 인사한다. 오늘도 지혜롭게 도전하자고, 웃으면서 감사하게 하루를 시작하자고, 나에게 무한한 응원의 메시지를 보낸다.

●

엄마들의 재능이 모여 커가는 맘스라디오

"맘스라디오가 뭐예요? 너무 재밌을 것 같아요. 제가 할 수 있는 게 없을까요?"

엄마들은 처음에 아이디어를 듣고 나서 이렇게 반응했다. 그런 마음이 하나둘씩 모여 우리는 콘텐츠를 만들어갔다.

많은 회의 끝에 라디오가 들어간 로고가 탄생했다. 디자이너, PD, 마케팅, 진행 등 각자의 재능이 모여서 하나씩 일을 추진해 갔다.

디자인 일을 하던 엄마는 맘스라디오 로고를 재능 기부로 제작해주었고, 공연 제작사에 있던 경력 단절 엄마는 편집 PD로 활동하기 시작했다. 발달장애 아이를 가진 엄마는 다른 부모들에게 위로와 희망을 주고 싶다며 진행자를 자처했다.

우리는 매일이 새로웠고, 도전하는 기쁨 때문에 삶의 새로운 활력을 얻었다. 모 항공사에서 일하고 있는 친구 엄마는 아이와 좋은 추억을 남기고 싶다며 미모를 기부해주었다. 올케의 소개로 실력 있는 카메라 작가도 섭외되었다.

촬영 장소는 멀리 갈 필요가 없었다. 신도시 아파트는 조경이 매우 훌륭했다. 우리는 아파트 단지 내에서 하루 종일 즐겁게 촬영했다.

어려움도 있었지만 초기에는 도움의 손길도 많았다.

새로운 세계로 들어가기 두려웠지만

콘텐츠가 있는 엄마들, 콘텐츠를 만들고 싶은 엄마들이 하나둘씩 연결되면서 우리의 방송이 시작됐다. 엄마들은 육아를 하며 정신없었지만, 자신이 스스로 뭔가 새로운 일을 하는 데 한껏 들떠 있었다. 한편으로는 아이와 놀아주고, 밥 먹이고, 육아용품 주문하고, 온종일 아이에게 맞춰진 자기 삶의 패턴에서 벗어나야 했다. 그래서 새로운 세계로 들어가기 두렵고 막막했다.

나 역시 애도 잘 못 키우는 것 같은데, 어떻게 새로운 일에 도전할까 싶어서 망설이고 주저했다. 하지만 가슴이 뛰는 걸 어찌 막을 수 있을까?

방송을 하고, 컴퓨터로 편집하는 기술을 배우는 데 시간이 걸렸다. 게다가 나는 분명 들었는데 뒤돌아서면 잊어버리는 신기한 재주를 소유하고 있어 답답한 노릇이었다.

아이를 데리고 카페에서 만나 회의를 했다.

아무래도 아이 낳기 전에는 안 그랬는데 출산을 탓하고 싶었다. 얼른 육아에 길들여진 뇌를 새로운 기술을 잘 습득하는 뇌로 바꾸어야 했다. 그래서 속을 태우며 반복적으로 노력했다.

삶이 변화하려면 조금씩 해보는 것만으로는 부족했다. 강력한 행동, 실천이 뒷받침되어야 변화가 일어날 수 있었다.

●

자랑스러운 엄마가 될 기회

방송의 힘은 소통에 있다. 시청자와의 약속, 방송이 업로드 될 것이라는 약속 때문에 엄마들은 변화하지 않을 수 없었다. 시간을 쪼개고 쪼개어 기획을 하고, 원고를 쓰고, 방송 파일을 편집하는 등 강도 높은 노력이 뒤따랐다. 그러나 엄마 중 한 명도 그냥 포기하거나 물러나는 사람이 없었다.

엄마들은 점차 방송 만드는 기술이 늘어갔다. 자신이 편집한 방송을 듣고 청취자들이 반응할 때는 그야말로 탄성을 질렀다. 매일 방송을 만드는 엄마들, 그리고 그것을 듣고 힘을 내는 엄마들! 그 소통하는 기쁨이란!

그 기쁨 중에 잊을 수 없었던 사연이 있다. 맘스라디오를 시작한 지 한 달 만에 백령도에서 18개월 된 아이를 혼자 키우고 있는 엄마가 댓글을 달았다.

"안녕하세요. 백령도에서 혼자 18개월 된 아이를 키우며 너무 힘들고 외로웠는데 맘스라디오를 들으며 위로를 받습니다. 좋은 방송 만들어주셔서 감사합니다."

예지맘과 조메리명희 교수님(발달장애인의 성에 대한 방송 중)

엄마들의 댓글은 우리를 춤추게 했다. 육아에 지치고, 내가 잘한 건가 회의감이 몰려왔지만, 누군가 방송을 청취하고 있으며, 방송으로 힘을 얻고 있다는 메일·쪽지·댓글 등은 우리를 멈출 수 없게 만들었다.

그뿐만이 아니다. 맘스라디오 엄마들을 취재하려는 요청이 끊이지 않았다. 어떻게 방송을 시작하게 되었는지, 지금 진행하는 방송은 무엇인지……. 엄마들은 그렇게 잡지·신문·뉴스 등에 보도되었다. 주변 사람들과 가족에게 자랑스러운 엄마가 될 기회가 생긴 것이다.

드디어수익이
나기 시작했다

●

사업이 뭐니?이건 취미가아니잖아

신나서 방송을 하는 엄마들 덕분인지, 점점 방송을 하고 싶어 하는 엄마들이 많아졌다. 서로 소개도 많이 해주었다.

"이런 좋은 분이 있어요. 맘스라디오에서 방송하면 좋을 거예요."

이런 제안이 올 때마다 엄마들에게 꼭 필요한 내용인지 검토해보았다. 내용이 좋으면 서슴거리지 않고 프로그램 방향과 이름을 정하고, 프로그램 배너 디자인을 제작하고 방송을 시작했다.

조용하던 내 삶에 파도가 치기 시작했다. 엄마들이 이틀에 한 번 꼴로 집으로 찾아와서 방송하고 회의했다. 일은 점점 많아졌고 눈코 뜰 새 없이 바빠졌다. 아이를 재우고 나서 서류나 인터넷으로 처리할 일들도 많았다.

남편은 180도로 달라진 내 삶을 보며 우려했다.

"취미로 했으면 좋겠어."

그러면서도 급하게 아이를 맡겨야 할 때라든가 주말에 일이 있을 때는 육아를 적극 도와주었다. 만약 가족이 싫어했다면 아무리 좋은 일이라도 계속하기가 어려웠을 것이다. 다행히 안정적이며 꼼꼼하기까지 한 남편이 묵묵히 도와준 데 감사할 따름이다.

남동생과 나는 맘스라디오 콘텐츠를 재생할 앱을 제작하기 위해 돈을 모았다. 500만 원씩 모아 800만 원짜리 앱을 만들었다. 그런데 생각해보면 정말 저렴한 가격이었다. 지금 앱 개발 시세는 약 3,000만 원이다!

더욱 전문적인 도움을 받기 위해 한국콘텐츠진흥원 사이트에 들어가 보았다. 마침 '아이디어 융합팩토리'라는 프로그램이 있었다. 콘텐츠 사업 중에서 좋은 아이디어를 뽑아서 사업화할 수 있도록 3개월간 멘토링해주는 프로그램이었다.

맘스라디오라는 이름으로 처음 사업을 지원해 보았다. 지금 돌아보아도 매우 뿌듯한 일이다. 면접부터 우수콘텐츠로 선정되기까지 과정마다 얼마나 설레고 벅찼던가!

그때 3개월 동안 받은 멘토링에서 가장 기억나는 작업이 있다. 나의 사업 아이템을 한 줄로 정리하기! 이 작업을 매주 멘토링을 통해서 해보았다.

내가 하고 싶은 일, 사업 아이템을 한 줄로 요약하기란 생각보다 어려웠다. 이것도 해야 할 것 같고, 저것도 해야 할 것 같고, 어떻게 하면 한 문장으로 어필할지 고민한 끝에 겨우 한 줄로 정리할 수 있었다.

그리고 3개월에 걸친 멘토링 코스 중에 중간 평가와 최종 평가가 있었다. 우리는 두 번 다 우수상을 수상하여 500만 원 정도의 상금을 받았다(정부 지원을 받은 이야기는 뒤에 자세히 소개하겠다.).

강렬하게 원하고
의심이 없으면
빠르게 이루어진다!

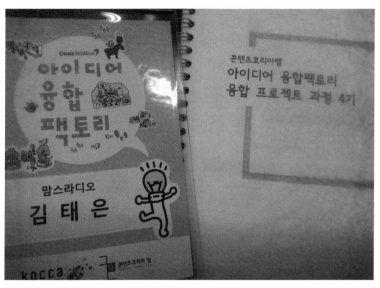

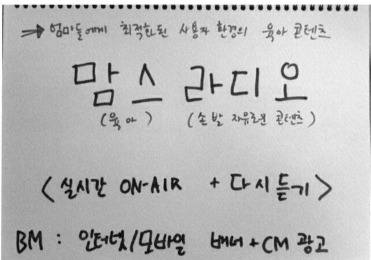

멘토링 코스 중 사업 아이템을 한 줄로 정리해 보는 작업이 가장 기억에 남는다.

창업 지원금으로 사무실을 열다

한국콘텐츠진흥원에서 우수콘텐츠상을 수상해서 창업 지원금 4,000만 원을 받았다. 큰돈이었다. 정부 지원금은 사용해야 하는 내역이 정해져 있다. 월 임대료로 사용할 수 있는 비용은 월 100만 원 선.

그리고 그동안은 모두가 자원봉사였지만, 매일 편집하고, 디자인하는 엄마들에게는 이제 비용을 주어야 했다. 그래야 오래 일할 수 있다. 그때부터 고정적으로 5~6명의 엄마들에게 급여를 지급했다. 다만 출퇴근 업무도 아니고, 하루에 한두 시간 혹은 일주일에 반나절 정도 하는 일이어서 월급 형태는 아니었다.

방송을 제작할 사무실이 필요해서 알아보고 있었는데, 마침 신기한 일이 생겼다. 3년 만에 드라마 작가 선배님에게 연락이 왔는데, 나에

첫 사무실을 계약할 때의 기쁨과 설렘을 잊을 수 없다.

게 어떤 프로그램을 같이 만들자며 제안하려고 했다. 그런데 통화하다 보니 놀라운 사실을 알았다. 그 사이에 선배님이 건물주가 된 것!

그녀는 마침 자기네 건물 1층 공간이 비어 있으니 맘스라디오가 보증금 없이 월세로 들어갈 수 있게 도움을 주고 싶다고 제안했다. 원래 그곳은 공연 무대가 있는 커피숍을 겸한 문화 공간이었기에 맘스라디오와도 성격이 비슷했다.

다행히 쉽게 공간을 구했지만, 임대료 외에 따로 빼서 쓸 수 있는 예산이 부족했다. 그곳을 방송국으로 만들어야 하는데 어떻게 해야 하나?

그때부터 잠이 안 오기 시작했다. 고민하고 또 고민했다. 한밤 수유를 끊은 후, 잠을 설친 건 오랜만이었다. 예산이 많았다면 고민도 안 했을 것이다. 방음 부스 설치와 칸막이 공사를 하면 그만인 것을! 하지만 공사비는 없었고 어떻게든 아이디어를 내야 했다. 그런데 늘 그렇듯이 막다른 골목에서 하늘 길이 열렸다.

●

불편할 때 아이디어가 생긴다

방음에 대한, 또 스튜디오에 대한 고정관념을 깨기로 했다. 이렇게 생각하니 새로운 아이디어가 떠올랐다. 별도의 공사를 하지 않고, 무대 공간 세 면에 방음 타일을 붙였다. 그것만으로도 울리는 소리가 잡혔다!

모두가 한마음이 되어 사무실의 완성을 도와주었다.

어쩌다 보니 개방형 스튜디오가 된 셈이다. 누구나 방송하는 모습을 볼 수 있으며, 무대 위 스튜디오에서 오디오 콘텐츠와 비디오 콘텐츠 두 가지를 동시에 제작할 수 있다.

여기에 1층 간판 제작과 타일 시공 비용을 200만 원 선에서 마무리했다. 마지막으로 직접 페인트칠을 하고, 깨끗이 청소했다.

이 모든 과정에 예산의 10분의 1도 안 되는 비용이 들었다. 거액을 들여서 방음벽이 있는 스튜디오를 만들어야 한다는 틀을 깨니, 공간의 효율이 높아졌다. 이곳에서 우리는 팟캐스트 녹음뿐 아니라 보이는 방송인 유튜브를 제작하기 시작했으며, 방송이 없는 시간에는 엄마들을 위한 유익한 강좌를 진행했다. 또 다른 한쪽에서는 편집과 사무실을 운영했기에 한 공간을 다섯 가지 용도로 쓸 수 있는, 신개념 멀티 공간이 탄생했다.

직접 만들어 더 뿌듯했던 맘스라디오 첫 사무실 겸 스튜디오

투자해준다는 말, 걸러 들어야 한다

언제나 문제는 돈이었다. 돈이 없고, 아이디어와 재능이 있을 때는 심플했다. 함께 모여 재미있게 기획하고, 콘텐츠를 만들고, 방송을 들으며 즐거워했다. 그런데 이 일이 사업이 되다 보니 삐걱거렸다. 그 사태의 심각성을 처음에 모른 채 말이다.

정부 지원을 받게 되면, 개인사업자에서 법인으로 전환해야 하는 조건이 있다. 사업자도 처음인데, 법인사업자가 되는 일은 더더욱 감이 안 잡혔다. 처음 들어보는 낯선 용어들을 인터넷에 검색해가며 공부했다. 그래도 무슨 말인지 도무지 못 알아들을 때가 많았다.

마침 이때부터 투자를 제안하는 분이 많이 찾아왔다.

김필원 아나운서의 '나도 DJ' 방송 중.

박재연의 '공감톡' 오픈 강의 중.

"사업 아이템이 좋은 것 같아요. 협력했으면 좋겠어요. 같이 밥 한 번 먹어요."

이런저런 제안에 밥도 참 많이 얻어먹었다. 그런데 투자받는 조건에 대한 정보가 없었다. 투자금 대비 지분을 어느 정도 주어야 하는지도 잘 몰랐다. 또 기업의 가치 평가 역시 내가 생각한 것과 외부에서 보는 입장이 서로 달라서 의견을 좁히기 쉽지 않았다.

당시에는 맘스라디오가 손익 분기점도 넘지 않았고, 수익 모델도 불분명했다. 초보 창업가인 나로서는 투자를 받으면 자금을 지원받는 것 외에 어떤 일이 일어나는지, 어떻게 시스템이 돌아가는지 전혀 감이 잡히지 않았다.

지금 돌이켜보면 초기에 투자를 받지 않은 게 천만다행이다. 그 당시에는 자금이 부족하니, 몇 천만 원도 크게 보였고, 맘스라디오의 가치를 알고 응원해주는 말만 들어도 기대고 싶은 심정이었다.

만약 그때 투자를 받았다면 어땠을까?

상상하면 아찔하다. 어떤 전문가는 경영 자문을 해줄 테니 얼마의 지분을 달라고 했다. 단순히 말뿐만이 아니라 내가 보는 앞에서 지분의 상당 부분을 기재해서 계약서에 도장을 찍게 했다. 그때 나는 너무 순진했고 아무것도 몰랐다. 나중에 이를 한국엔젤투자협회의 멘토가 듣고는 따끔하게 조언해주었다.

"절대 그런 사람과는 엮이지 마세요."

어차피 돈이 없었기에 돈을 빼앗기지는 않았지만, 지분을 빼앗길 뻔했던 사례는 여러 번 있었다.

드디어 광고 의뢰가 들어오다

어느 날 작은 NGO에서 연락이 왔다. 나는 속으로 '단체의 홍보를 도와달라는 거겠지?'라고 생각하며, 별 기대 없이 미팅 장소에 나갔다. 맘스라디오에 대한 소개를 하면서 식사를 하는데, NGO 대표님이 이렇게 물었다.

"홍보를 하려면 광고비가 얼마 있어야 하나요?"

작은 방송국이기에 작은 금액을 이야기했다. 그랬더니 대표님이 그 자리에서 이러는 게 아닌가.

"저희가 1년어치 광고를 계약하겠습니다."

그 말을 듣고 눈물을 쏟을 뻔했다. 돈이 많은 기업가도 이제 막 시작한 맘스라디오에 광고를 의뢰하지 않았다.

"취지는 좋은데……"라며 말끝을 흐리기 일쑤였다. 그때 깨달았다. 돈이 많다고 해서 투자하고, 남을 도와주는 게 아니구나. 마음이 진정 움직인다면 누구나 투자할 수 있구나!

나는 그 은혜를 잊지 않았다. 수익이 발생한 이후부터 개인과 맘스라디오의 이름으로 그 NGO에서 보호하고 있는 학대받은 아이들이 함께 생활하는 공동체에 매월 후원하고 있다.

생각지 않게 광고 의뢰가 들어오더니, 수익이 되는 일이 하나씩 들어오기 시작했다.

중소기업 홍보 영상 제작부터 유튜브 및 SNS 마케팅 대행 업무, 출판 일까지 들어왔다(아직 출판사도 차리지 않았는데, 내가 작가 출신이어서 책을 내달라고 했다.).

2018년 맘스라디오 매출액(정부 지원금 1억 2천만 원 미포함) (출처: 담당 세무서 보고)

수익 창출 모델을 확대시키다

마케팅 및 홍보 영상 제작 관련 일이 여러 기업에서 들어왔다. 신기했다. 내 일처럼 하려고 노력하니, 여러 일들이 생겼다. 그중에 창업하면서 꾸준히 공부한 마케팅 일이 다른 기업의 마케팅에 쓰일 줄은 몰랐다.

한편으로 인증도 부지런히 받았다. 그중 공공기관 입찰을 위한 '동영상직접생산자격증'이나 '벤처인증', '기술평가' 등은 쉬운 과정이 아니었다. 각종 서류 작성 업무와 증빙에 각각 한 달 이상 걸렸다.

'동영상직접생산자격증'은 조달청의 '나라장터'에서 입찰을 받기 위해 필요한 자격증이다. 이 자격증을 얻으려면 우선 비디오 제작업으로 등록이 되어야 한다. 동영상을 직접 생산한다는 인증서이기 때문에 카메라 및 편집 장비, 인력, 사무실 운영비 사용 등 그 내역을 꼼꼼하게 자료로 첨부해야 한다. 또 콘텐츠 기획 원고와 자료를 비롯해 사무실이 진짜로 운영되는지 검증하기 위한 몇 달 간의 전기세 입금 자료까지 제출해야 한다.

그렇게 서류가 통과되면 담당자가 직접 실사를 나온다. 서류대로 장비나 인력, 편집 프로그램이 갖춰져 있는지 꼼꼼히 살펴본 다음, 증거 사진을 찍어간다. 그런 과정을 거친 후 '동영상직접생산자격증'을 취득하였다. 그 뒤 우연의 일치인지 나라 입찰까지는 아니었지만, 서울시 관할 센터에서 수의 계약으로 두 건이나 영상을 제작했다.

그리고 창업한 기업이라면 받아야 할 인증이 또 하나 있다. 바로 '벤처인증'이다. 벤처 기업으로 인증되면, 법인세 인하 등의 혜택과 함께 기술보증으로 은행에서 1억 원 이상의 창업 자금을 대출해준다.

벤처인증을 받으려면 맘스라디오가 가진 기술로 어느 정도의 수익을 창출하고 있는지 그 사실을 서류로 충분히 입증해야 한다. 서류를 증빙하면서 담당자가 우리의 수익 구조와 실적을 보고는 신기해했다. 그 인증 역시 서류 작업이 만만치 않았지만 우리는 해냈다.

인증 후로 일은 꾸준히 들어왔다. 공공기관의 교육 영상이나 중소기업의 홍보 영상을 매월 제작했고, 대기업의 수주도 따냈다. 물론 그 하나하나의 과정은 쉽지 않았다.

그 과정에서 영상 제작 인력을 더 채용해야 했고, 마케팅 대행 업무도 하게 되었다.

●

2년 만에 연 매출 2억 원 달성!

"좋은 땅이 있는데, 너한테만 알려주는 거야."

이런 제안을 들으면 의심부터 해야 한다. 돈이 되는 일은 쉽게 들어오지 않는다. 많은 정성과 공을 들여야 한다. 수익이 되지 않는 기간 동안 우리가 만들어 놓은 콘텐츠는 800여 개에 달했다. 음성 콘텐츠가 600개, 영상이 200여 개였다.

그렇게 묵묵하게 씨앗을 뿌려 놓으니 유튜브 구독자들이 늘어나기 시작했고, 쌓인 콘텐츠가 자동으로 맘스라디오를 홍보해주었다. 일명 콘텐츠 마케팅이다.

유튜브는 자동으로 관련 검색어에 따라 사용자에게 영상을 추천해주기 때문에 다양한 주제를 다룬 맘스라디오 콘텐츠들은 계속 퍼져나가고 있다.

재생이 될 때마다 광고 수익이 들어와서 일하지 않는 휴일에도 수익이 들어왔으며, 메일로도 다양한 곳에서 협찬 제안 메일이 왔다.

타깃 자체가 3~40대 엄마들을 위한 플랫폼이기 때문에 엄마들을 위한 광고가 필요한 업체는 우리를 찾았다. 이들은 우리의 이점을 잘 알고 있다.

"구독자 수가 아주 많지 않아도, 이왕이면 3~40대 주부층을 확보하고 있는 맘스라디오에 홍보하자!"

이렇게 생각하는 회사가 점점 늘어나고 있다. 맘스라디오는 처음에 수익은커녕 남편의 생활비로 버텼고, 수익도 안 나는 회사라며 무시받기도 했다.

많은 시행착오와 시간이 걸렸지만, 2년 만에 매출 2억 원을 달성했다. 아이를 키우면서 내가 원하는 콘텐츠를 만들고, 하고 싶은 일을 하면서 수익을 창출해내는 시스템을 드디어 만들어낸 것이다.

유튜버 경력 3년 차, 나는 이렇게 성장했다

사업과 육아는 공통점이 많다

출산 후 보름이 지났을 때였다. 아이를 안고 펑펑 울었던 기억이 난다. 시도 때도 없이 울어대는 아이를 보며 앞으로 어떻게 살아야 할지 미래가 보이지 않았다. '계속 이렇게 살아야 하나.' 싶어 막막했다.

우는 아이 앞에서 나는 한없이 작아졌다. 아무것도 준비되지 않은 엄마였기에 아이에게 미안한 마음만 들었다. 그렇게 마음도 약하고, 살림도 못하고, 준비되지 않은 초보 엄마가 창업을 하다니. 하나도 부족한데, 나는 두 가지 일을 동시에 진행해야 했다. 그러면서 사업과 육아의 공통점을 깨달았다.

육아와 사업의 공통점

❶ 처음 아기가 생겼을 때, 처음 사업을 시작할 때 그 기쁨은 형용할 수 없이 크다.

❷ 아기와 사업은 초기에는 가볍다. 그러나 나도 모르는 사이에 점점 무거워진다.

❸ 아이도, 사업도 계속 신경 써야 해서 잠을 푹 못 자게 만든다.

❹ 육아와 사업은 감정 기복을 심하게 한다. 이렇게 힘든 줄 알았으면 안 했을 걸 하면서도 잘되면 무척 기쁘다.

❺ 육아와 사업에 퇴로는 없다. 일단 시작하면 뒤로 갈 수 없다. 무조건 해내야 한다.

❻ 육아와 사업, 둘 다 힘들다. 극한 직업이 따로 없다. 그러나 이 과정이 나를 성장하게 한다. 즉 육아와 사업은 나와 함께 성장한다.

●

나 스스로 명함을 만들면 안 되나?

처음에는 엄마라는 이름이 어색했다. 늘 철없는 딸이었던 내가 엄마가 되다니, 유모차도 아기띠도 영 낯설었다. 그 전엔 보이지도 않던 유모차였는데, 어느덧 가는 곳마다 유모차가 먼저 보였다. 그제야 엄마가 된 것 같았다.

처음에는 대표라는 명칭도 어색했다. 아니, 너무 부담스러웠다. 제일 힘든 건 나 자신이 나를 대표로 인정하지 않는 데 있었다. 어딘가 숨고 싶었지만, 스스로 받아들이기 위해 내가 대표라는 이미지를 상상해서 받아들였다. 이제 내가 용납하니 다른 사람들도 인정하고 받아들이는 것 같다.

그래서일까? 엄마가 되면서 가장 필요한 것은 바로 '자존감'이라고

첫 명함이 나왔을 때

생각한다. 다시 나의 이름을 찾는 것! 아이의 호적만 올릴 게 아니라 엄마도 자신의 이름을 새롭게 각인시켜야 한다.

나도 내 이름을 부르고, 또 불릴 수 있게 노력하자. 다른 사람이 꼭 명함을 만들어줘야 하는가? 나 스스로 명함을 만들면 안 되는가?

인터넷에 명함을 주문하면 1만 원대로 하루 만에 명함이 도착한다. 한 번도 사업을 해본 적이 없는 나는 무척 두려웠고, 뭐든지 조심스러웠다. 나조차 내가 사업을 시작한다는 사실을 받아들일 수 없었다. 그때 계속해서 원하는 모습을 상상하며 나를 설득했다.

그때 떠올린 그림은 내가 책상에 앉아 있고, 그 밑에 자막처럼 '맘스라디오 김태은 대표'라는 이름이 새겨지는 장면이었다. 계속 상상하면서 자신감을 북돋았다.

'할 수 있다! 미래에 내가 원하는 모습을 받아들이자!'

내가 원하고 상상했던 모습이 이루어지는 그림을 그렸고 느꼈다. 다른 사람이 인정하든 안 하든 상관없다. 중요한 건 나 자신이다. 자존감을 잃지 말고, 내가 원하고 바라는 모습을 생각하자.

여러분이 만들고 싶은 명함은 무엇인가? 어떻게 불리기를 원하는가? 나만의 명함을 만들어 나에게 선물해보자.

열정이 식지 않을 때까지 일하고 싶다

최근에 누군가 나에게 물어보았다. 언제까지 맘스라디오 할 거냐고. 나는 할맘스라디오가 될 때까지 하겠다고 우스갯소리로 대답했다.

구체적으로 몇 살까지, 몇 년도까지라고 생각해본 적은 없다. 단지 이 일이 재밌고, 새로운 콘텐츠를 만들어내는 열정이 식지 않을 때까지 열심히 하고 싶다.

내가 그리고 있는 맘스라디오의 그림은 이렇다. MOMS라고 써 있는 빌딩에 엄마들이 들락날락하며, 유튜브 콘텐츠를 만들고, 창업도 하고, 네트워킹도 하고, 물건도 팔고, 교육도 함께 하고, 공부하는 모습이다.

그 빌딩은 엄마가 된 후에 꼭 오고 싶은 곳이면 좋겠다. 공부하고, 성장하고, 새로운 기회를 찾아가는 플랫폼으로써 기능하기를 바란다.

내가 꾸는 꿈의 이미지

1979년 하버드 경영대학원 졸업생들에게
"명확한 장래 목표를 설정하고 기록했는가?"라고 질문했을 때
3%만이 자신의 비전을 종이에 기록했고,
13%는 비전은 있었지만 종이에 기록하지 않았고, 84%는 구체적인 비전이 없었다.
10년 후 그들에게 다시 질문했을 때, 비전은 있었지만 기록하지 않았던 13%는
비전이 없었던 84%의 학생들보다 평균 2배의 수익을 올리고 있었고,
명확한 비전과 향후 계획을 기록했던 3%는
나머지 97%보다 평균 10배의 수익을 올리고 있었다.
– 바바라 앤 키퍼의《위시리스트》중

인생의 비전을 글로 써두자.
성공의 핵심은 '글로 쓴 구체적인 비전'이다!

엄마는 유튜브로 연봉 받다

2장

유튜브 비즈니스로
창업하기

: 유튜브로 창업하는 방법

유튜브 비즈니스
이해하기

●

왜 유튜브인가?

한국콘텐츠진흥원에서 발행하는 웹진에서 토론회를 주최한 적이 있다. 토론회의 주제는 이것이었다.

"현시대에 콘텐츠를 제작하는 크리에이터들에게 필요한 것은 무엇인가?"

그때 나는 패널로 참석했다. 그 자리에 내가 초대받은 이유는 경력단절 여성들이 크리에이터가 된 노하우를 사람들이 듣고 싶어 했기 때문이다. 나는 이렇게 이야기했다. 한국콘텐츠진흥원에서 아이디어 하나만으로도 주목해주고, 창업 지원금을 준 것이 나에게 큰 '기회'였다고.

크리에이터에게 가장 필요한 일은 공정한 '기회'라고 생각한다. 좋은 콘텐츠를 만드는 데는 자본, 아이디어, 재능 등 다양한 요소가 필요하지만, 가장 중요한 것은 누구나 올라갈 수 있는 공정한 무대, 공정한 기회가 아닐까?

그런 면에서 유튜브는 정말 획기적인 '기회의 무대'이다. 카메라 하나만 있으면, 아니 스마트폰 하나만 있으면 세계무대에 오를 수 있기 때문이다. 조회 수가 많든 적든, 혼자서만 보고 낄낄거리든, 하루아침에 조회 수가 높아져 스타가 되든지 간에 그건 다음 문제다. 유튜브는 누구든지 자신의 콘텐츠를 무대에 올릴 수 있는 쉽고 간단한 기회를 준다.

유튜브에 올려놓으면 누가 언제 검색해서 볼지 모른다. 필요한 사람은 구독할 것이다. 좀 더 적극적인 사람은 메일을 보낼 것이며, 만나러 찾아올지도 모른다. 그리고 바로 이런 점에서 사업의 기회가 널려 있다.

유튜브를 이용한 사업은 굉장히 다양하다. 방송국이 될 수도 있고, 홈쇼핑처럼 물건을 팔 수도 있다. 팬층을 형성하여 책을 낼 수도 있고, 2차 모임을 통해 교육 사업을 진행할 수도 있다.

유튜브는 쉬운 듯하면서도 어렵고, 개인적인 것 같지만 대중적이다. 광고료가 적어서 실망할 수도 있지만, 수많은 비즈니스 요인들이 숨어 있어 큰돈도 벌 수 있다.

내가 처음에 맘스라디오를 시작할 때, 이것이 사업이 될지 몰랐던 것처럼, 유튜브를 재미삼아 시작했다가 사업을 운영하는 사람들이 적지 않다.

유튜브 세계에도 나름의 시스템이 있다

물론 쉽게 시작하는 만큼 경쟁이 치열하다. 시간과 에너지를 많이 들여야 한다. 그리고 오래 기다려야 한다. 들어가는 문은 크지만, 나오는 문은 찾기가 힘들다. 세계의 사람들은 마치 미로를 여행하듯 '호기심'이라는 욕구, '앎'에 대한 욕망을 타고 유튜브라는 세계를 여행하고 있다.

유튜브로 돈 버는 팁

구글 회원 가입하기

구글에 들어가 회원 가입을 한다. 휴대폰 인증이 필요하며, 회사 채널일 경우 마케팅 담당자보다는 회사 대표의 휴대폰으로 하는 게 좋다. 마케팅 담당자는 회사를 그만두거나 변경 사항이 생길 수 있기 때문이다.
(회사라면 대표의 계정으로 하는 게 좋으며, 1인당 3개의 계정을 만들 수 있으니 개인 계정이 아닌, 추가 계정으로 개설한다.)

"지금 당장 유튜브 시장에 올라타지 않으면 안 된다. 바로 카메라를 켜라. 무슨 말이든 해라. 편집은 완벽하지 않아도 된다. 지금 시작하라!"

이런 말에 현혹되지 않길 바란다. 물론 늘 생각만 하고 망설이는 사람에게 필요한 말일 수도 있다. 그런데 이렇게 시작한 사람은 당장 포기할 가능성이 크다.

유튜브의 지능은 어떻게 될까? 유튜브는 복잡한 구조를 가지고 있다. 또한 인공지능 시스템으로 운영되므로 내가 영상을 잘 만들어 올린다고 해서 조회 수가 확 늘어난다든가 구독자층이 갑자기 생기는 게 아니다.

유튜브 활동은 마라톤으로 생각하고 해야 한다. 진정 유튜브로 비즈니스를 하기 원한다면 긴 호흡을 가지고 시작하길 바란다. 오랫동안 내가 찍을 수 있는 콘텐츠, 오랫동안 할 수 있는 이야기, 몇 개월 이상 아니 1년 이상 촬영하고 편집해서 업로드 할 각오를 갖고 시작해야 한다.

한두 번 찍어서 올리는 게 아니라 유튜브가 내 삶이 되고, 삶이 유튜브가 되는 유튜버로 살겠다는 다짐을 한 후에 하면 좋다.

유튜브는 실시간으로 구독자의 성향을 분석하고 파악하여 영상을 추천해준다. 어마어마한 데이터를 가지고 있는 이 플랫폼에서 살아남기 위해서는 긴 호흡으로 가자고 다짐하고 뛰어들어야 한다.

현재 중고시장에 유튜버 전용 방송 장비들이 많이 나오고 있다고 한다. 그만큼 포기하는 사람이 많다는 사실을 잊지 말자.

유튜브의 수익 구조부터 파악하라

유튜브는 누군가가, 내 콘텐츠를 재생하는 수만큼, 수익을 얻는다는 전제로 시작한다. 이 세 가지에 대해서 심플하게 풀어보자.

① 대상

누가 보는가에 따라 수익이 달라질 수 있다. 예컨대 나라별로 광고 단가가 다르기 때문에 우리나라에서 재생 수익이 1원이라면, 미국에서는 7원 정도 한다. 채널을 개설하면 시청자 분석을 할 수 있다. 어느 지역, 주요 연령대, 성별까지 분석되므로 내 콘텐츠를 어떤 사람들이 좋아하는지 알 수 있다. 이는 다음 영상을 기획·제작할 때 참고할 수 있다.

내 채널 영상의 시청자 분석

얼마 전에 우리가 만든 호수공원 영상에 아랍어 댓글이 폭주한 적이 있다.

BTS 리더 RM의 고향이 일산이다. 그래서 호수공원이 아미들에게 이슈가 된 듯하다. 그 영상은 일산 호수공원의 벚꽃 풍경을 360도 VR 카메라로 담은 것이다. 분명 작품이라 할 만한데 조회 수가 너무 적어서 그러려니 했다.

그런데 중동 지방에 있는 한 BTS 팬이 이 영상을 팬 카페에 올렸는지 갑자기 조회 수가 폭발했다. 바로 이 영상이다.

이렇듯 영상은 누가 보느냐가 중요하고 재생하는 '수'가 두 번째로 중요하다.

② 조회 수와 영상 시간

조회 수가 높아질수록 수익이 높아진다. 뿐만 아니라 조회 수가 만 단위가 넘으면 광고 단가가 올라가는 것 같다. 1만이 넘으면 눈에 띄게 수익이 올라갈 수 있다.

그리고 10분 이상의 영상인 경우에만 중간 광고를 추가로 넣을 수 있다. 그래서 한 번 재생을 하더라도 두세 배의 수익을 올릴 수 있다.

③ 수익

수익은 어떻게 생길까? 잘라 말하면 수익은 아무나 얻을 수 없다. 채널 전체 조회 수가 4,000시간이 넘어야 하며, 구독자 수가 1,000명이 넘어야 수익을 얻을 수 있는 채널이 된다.

그럼에도 수익을 얻을 수 없는 경우도 있다.

전 세계적인 플랫폼인 유튜브는 AI 인공지능으로 영상을 인식하고, 관리하기 때문에 어떤 영상은 올리자마자 수익을 창출할 수 없다는 사인을 보내오기도 한다.

수익에 관해서는 네 가지 경우로 나뉜다.

유튜브에 영상을 올리면 달러 표시가 뜰 것이다. 초록색 달러는 그야말로 그린 라이트다! 수익을 창출할 수 있고, 바로 수익이 된다는 표시이다. 그런데 노란색 달러가 보이면서 '제한됨'이라는 글씨가 뜨면, 영상 안에 음성·화면 인식을 해본 결과 신체 노출이 많다든가 욕설 등이 있다는 뜻이다. 이런 경우는 바로 광고가 자동으로 제한된다.

이때 '광고주에게 직접 검토'를 체크하면 사람이 직접 검토해서 그린 달러로 전환할 수 있으니, 수익 창출의 기회를 놓치지 말자.

그런데 노란색 달러 표시이긴 한데 광고 사용으로 뜨는 경우도 있다. 이 경우는 사용한 음악이 저작권 등록이 되어 있는 경우여서 영상이 재생될 때마다 수익을 반씩 나누게 된다. 음악을 1분 이내로 사용했는데도 저작권 침해로 신고를 당해서 수익의 일부만 얻을 수도 있다.

그리고 빨간색 달러는 아예 수익을 가져갈 수 없다는 표시이다. 우리도 노래 저작권 때문에 영상이 재생되어도 수익을 창출할 수 없었던 경우도 있었다. 짧은 영상이었지만, 음악 저작권자가 수익을 창출할 수 없게 설정해 놓았기 때문이다.

특히 저작권 침해 신고를 많이 받으면, 수익 창출을 할 수 없는 채널이 되기도 한다. 꼭 저작권 음악을 사용해야 하며, 영상 역시 그냥 다운받아서 사용하면 안 된다. 저작권은 마땅한 권리이며 수익 창출의 기본이다.

결국 사람들의 호기심, 궁금증이 답이다

유튜브가 떠오른 이유는 뭐니 뭐니 해도 스마트폰의 급부상 때문이다. 예전에는 오늘 하루 어떤 일이 있었는지, 뉴스가 궁금하면 9시 뉴스가 할 때까지 기다렸다. 내가 좋아하는 방송 프로그램을 보고 싶을 땐 일주일씩 기다렸으며 혹시라도 놓칠까 봐 예약 녹화 버튼을 눌러놓기도 했다.

요즘 사람들은 기다리지 않는다. 나의 두뇌 역할을 해주는 스마트폰이 있기 때문이다. 무엇이든 궁금한 것은 바로 검색하면 된다.

사람들이 올려놓은 블로그, 기사들이 세상에 가득하다. 이제는 텍스트도 성에 안찬다. 현실 그대로 보여줄 수 있는 유튜브가 있기 때문이다. 신기하게도 내가 궁금해했던 것, 내가 하고 싶었던 것을 이미 영상으로 찍어서 올려놓은 사람들이 많이 있다. 평소 궁금했던 것, 하고 싶은 것을 경험한 뒤에 벌써 콘텐츠로 제작해 올린 발 빠른 사람들 천지다.

'어미 강아지 앞에서 새끼 강아지를 혼내봤더니…….'

'라면 10개 끓여 먹기'

'OOO에서 한 달 살기'

생각만 했던 것을 미리 경험한 사람들이 유튜브 세상에는 이미 많이 있다. 얼마나 편한 세상인가? 그래서인지, 유튜브에는 사람들의 호기심을 채워줄 수 있는 콘텐츠가 인기가 많다.

콘텐츠 제목도 'OO 하는 이유'를 많이 쓴다. 그 제목을 본 순간 나도 모르게 클릭하게 된다.

맘스라디오 소속의 크리에이터인 제주맘(정민혜)이 사정이 생겨 카라반에서 두 달 정도 아이들과 살았다. 그때 카라반 살기에 대한 재밌는 콘텐츠가 없을까 고민하다가 내가 궁금한 것이 남들도 궁금하리라는 생각에 아이디어 하나가 떠올랐다.

바로 '카라반에서 볼 일을 보면, 어떻게 처리될까?'라는 아주 근본(?)적인 궁금증이었다. 카라반 주인아저씨에게 상세하게 어떻게 처리하는지 설명을 들은 후에 직접 제주맘이 똥통을 처리하기로 했다. 먼저 유튜브에 검색해보니 국내 콘텐츠는 8년 전에 올린 것 하나 빼고는 없었다. 바로 이거다!

제주맘이 직접 카라반 화장실 소개와 용변 처리 과정을 설명하는 영상을 찍자고 했다. 나는 내가 가지고 있는 스마트폰으로 그 과정을 담아서 올렸다. 마지막엔 "카라반 생활 참 낭만적이죠?"라고 끝내기로 하면서…….

제주맘이 알려주는 '카라반에서 화장실을 많이 가면 안 되는 이유'가 큰 호응을 얻었다.

아니나 다를까? 올리자마자 조회 수가 급상승했다. 카라반이라는 키워드를 치면, 이 영상이 추천 영상으로 뜬다. 2019년 현재 20만 조회 수를 넘어선 인기 영상이다.

유튜브 영상 설정하는 법

영상 공개 여부는 공개, 비공개, 미등록, 이렇게 세 가지로 설정할 수 있다. 미등록으로 설정해 놓으면 아래와 같이 나온다.

❶ 다른 사람은 볼 수 없고, 동영상 공유, 링크 주소를 가진 사람만 볼 수 있다.

❷ 스마트폰으로 영상을 찍었는데 영상 파일을 옮겨야 한다면, 일단 유튜브에 올린다. 그리고 미등록 설정을 해 놓는다. 파일을 옮길 때 효과적이며, 추후에 영상 편집을 다시 할 수 있다.

❸ 유튜브는 내렸다가 다시 올리면 조회 수가 0이 된다. 단 하나의 조회 수도 놓치고 싶지 않다면, 미등록 영상의 링크를 공유해 시사한 후, 편집할 부분을 다시 편집하고 새롭게 파일을 업로드 하면 된다.

유튜브에는 자체 편집 기능이 있지만, 자르기 정도의 편집밖에 할 수 없다. 오타 수정이라든가, 자막 추가, 화면과 음성 편집 등 다양한 편집 작업이 필요할 경우 '미등록'으로 올린 후, 재편집하여 다시 올리면 된다.

유튜브 비즈니스의 필수! 계약을 잘하자

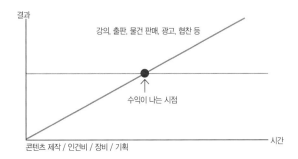

유튜브는 수익이 나기 전까지 비용과 시간이 들어간다. 그런데 유튜브를 쉽게 생각하고 접근하는 사람이 많다.

"한번 해보자. 재미 삼아 해보지 뭐."

그러나 어떻게 될지 아무도 모른다. 친구들과 재미 삼아 했다가 적은 광고료로 다툼이 생겨 채널 운영을 멈춘 곳이 수두룩하다.

다른 사람과 같이 시작할 때는 미리 전체적인 그림을 보고 서로 철저하게 계약하자.

수익이 나기 전까지 들어가는 비용과 시간, 에너지를 계산하여 공동으로 투자하는 방향으로 하고, 수익이 발생했을 때는 어떻게 배분할 건지 서로 솔직하게 이야기해야 한다.

만약 이야기하는 과정에서 의견이 맞지 않는다면 애초에 시작하지 않거나 혼자서 하는 게 나을 수도 있다.

함께 영상을 만들었는데, 대부분 막상 수익이 나기 시작하면 자신의 콘텐츠라고 생각하거나 자신의 공이 더 크다고 생각하게 마련이다. 해서 미리 수익을 배분하지 않으면 안 좋게 헤어질 수 있다. 이때는 초반에 함께 고생한 시간과 노력을 서로 잊지 말아야 한다.

혹시라도 자신의 이익을 나누고 싶지 않거나, 나누기가 애매하다면 초반에 계약서를 꼼꼼하게 작성하자. 맘스라디오는 이런 과정을 거친 끝에 현재는 이렇게 하고 있다. 업체로부터 초기 제작비를 받은 다음, 작업자에게 작업 비용을 먼저 지급하고, 후에 수익금은 나누지 않는 방향을 선택하였다. 지금은 이 방식이 우리의 수익 모델 중 하나이다. 참고로 1인 창작자(창업 기업)의 경우, 한국저작권협회에서 무료로 법률 자문을 받을 수 있다.

엄마로서
유튜브 비즈니스를 한다는 것

엄마에게 창업이란?

창업을 꼭 해야 할까? 아이 키우기 힘든데, 창업을 하라니! 특히 한국인은 창업이란 단어에 많은 감정이 담겨 있다. 창업 하면 벤처 신화를 이룬 창업 혹은 프랜차이즈 점포 창업을 떠올린다. 창업이라는 단어 자체에 어떤 고정관념이 있어서 더욱 창업에 도전하기 쉽지 않다.

맘스라디오에서는 창업한 엄마들을 인터뷰하는 방송을 만들었다. '맘, CEO를 만나다'라는 프로그램이었다. 엄마가 된 후 어떻게 창업을 시작했고, 비즈니스 모델은 무엇인지, 현재 사업은 어떻게 진행되고

있는지를 인터뷰한 내용이었다. 놀랍게도 처음부터 창업해야지 하고 시작한 사람은 드물었다.

그중 취미로 떡 케이크를 만들다가 창업한 사람이 기억난다. 그녀는 떡 케이크 대회에 나가서 수상하고, 이후 방송을 많이 타다 보니 사람들이 줄 서서 먹을 정도로 공방이 유명해져 창업을 했다.

또 학원에서 메이크업이나 페디큐어를 배워서 자기만의 사업을 시작해 성공 가도를 달리는 사람도 있었다. 그런가 하면 남편과 헤어진 후 경제적 독립을 위해 발버둥 치며 사업을 일궈낸 엄마들도 많이 보았다.

영상 보기

맘 CEO들을 만나 보니 어떤 업종인가는 중요하지 않았다. 아이 낳기 전에는 평범하게 그저 주어진 삶을 충실히 살았지만, 아이를 낳고 나서는 달라진 경우가 많았다. 내가 정말 해보고 싶었던 일, 도전하고 싶은 공부, 배우고 싶은 분야에 직접 문을 두드리게 된 것이다. 그리고 거기서 비즈니스가 탄생했다. 엄마에게 창업이란, 진짜 해보고 싶은 일을 하는 '용기'가 아닐까 싶다.

아이를 키우면서 힘들어도 즐겁게 할 수 있는 일, 나의 재능과 기술을 잘 활용할 수 있는 일, 다른 사람에게 기여할 수 있는 일, 간절하고 진실하게 내가 잘할 수 있는 일을 시작해보자.

●

엄마의 장점과 단점을 분석하자

사업과 인생에서 성공의 비결은 무엇일까? 나는 단연코 '너 자신을 알라!'는 말부터 꼽고 싶다. 나 자신을 아는 만큼 행복할 수 있고, 또 성공할 수 있기 때문이다.

내가 사업에 맞는지, 직장 생활이 맞는지, 어떤 일을 잘하고, 어떨 때 행복하고, 어떨 때 보람을 느끼는지 잘 알 때, 감사한 하루하루를 보낼 수 있다. 또한 사회의 불편함을 해소하는 성공적인 사업 아이템을 개발할 수 있다. 돈을 벌 수 있다고 해서 무작정 뛰어들면 금방 녹록하지 않은 현실 앞에 꼬꾸라질지도 모른다.

그런 의미에서 '엄마'라는 위치는 인간에 대한 이해의 폭을 넓힐 수 있는 자리다. 그동안 달려온 삶에서 잠시 멈춰 생명의 탄생과 성장을 보며 다양하고 깊게 생각할 시간을 가지기 때문이다.

실제 아이를 가진 후부터 환경이나 건강, 인문학, 음식, 재테크, 교육 등에 대한 다른 시선, 남다른 열정으로 공부하는 엄마들이 많다.

다만 엄마로서 창업하는 데 단점을 뽑으라면, '시간이 없다!'는 점이다. 그러나 인생에서 언제 시간이 많을 때가 있었던가?

속도가 빠른 한국 사회에서는 더더욱 시간 전쟁에 시달리게 마련이다. 육아 맘에게는 그것이 현실로 더욱 치열하게 다가올 뿐이다.

나는 등·하원 시간에 맞춰 달려가야 하는 신데렐라 맘이다. 그래서 저녁 비즈니스 약속은 웬만하면 피하고, 6시 전에 어린이집 혹은 유치원으로 달려간다. 아침 일찍 출근하고 싶지만, 아이가 유치원에 순순히 가줘야 가능한 일이다. 어떤 날은 늦게 일어나고, 어떤 날은 그림책을 더 읽다가 가겠다고 보채면, 아이의 속도에 맞추지 못하는 내 마음은 무너질 때가 많다. 그럼에도 오전 미팅이 있을 때는 아이를 유치원에 밀어 넣고 출근한다.

분기마다 찾아오는 방학은 또 어떤가? 일주일이라는 방학 때마다 아이를 사무실로 데려갔다. 다행히 아이는 순한 편이어서 사무실 바닥에 돗자리를 깔아놓고 그림 그리기, 장난감 놀이 등을 하면서 재잘거리며 잘 놀았다. 졸려서 징징거리면 얼른 업어서 사무실 복도를 왔다 갔다 하며 재우고, 잠이 들면 사무실 소파에 눕혀 놓고, 바쁘게 일 처리를 하곤 했다. 이것이야말로 육아와 일을 병행하는 리얼한 모습이 아닌가?!!!

그러다 집에 오면 엄마의 등골만 휘는 것 같았다. 두 배, 세 배로 피곤해서 서둘러 잠자리에 들었다. 누워서는 온갖 생각이 들었다.

'이게 뭐하는 것인가? 일하는 것도, 육아하는 것도 아니고!'

그렇게 생고생만 하는 것 같아 그다음부터는 아예 아이 방학 때 건수를 잡아서 여행을 떠난다. 가서 영상을 찍어오면 또 콘텐츠가 되기에 겸사겸사 좋다.

가족과 행복한 시간을 보내고, 콧바람도 쐬고 오면, 잘 안 풀리던 일도 풀리고, 좋은 소식도 들려온다. 사업하는 목적도 결국은 가족의 행복, 건강한 삶에 있지 않은가?

멀티 플레이어가 가능한 것도 엄마 창업가의 장점이다. 물론 한편으로 너무 바쁘고 신경 쓸 게 많아 일에 집중하기가 어렵다는 단점이 있지만…….

또 한 가지 아쉬운 점은 정보의 습득이 제한적이라는 점이다. 엄마들은 관심 있는 정보가 육아나 건강, 교육 쪽으로 편중되어 있다. 그래서 빠르게 발전하는 IT 기술을 잘 활용하지 못하는 경우가 많다.

행복한 사람이 똑똑한 사람이다.
-웨인 다이어

구글을 활용한 자기 관리법과 콘텐츠 활용법

구글만 잘 활용해도 시간뿐 아니라 콘텐츠를 잘 관리할 수 있다. 먼저 구글캘린더 앱을 다운받자.

일정이 있을 때마다 시간, 일, 월별로 입력하면 미리 스케줄에 맞춰 알림 창이 뜬다. 바쁜 엄마들에게 필수인 앱이다.

캘린더

그다음 중요한 앱은 구글포토, 사진 앱이다. 보통 아이가 태어난 순간부터 사진 찍기가 시작된다. 사진과 영상을 수시로 찍다 보면 메모리가 부족하다는 메시지가 뜨고, 이 때문에 휴대폰을 바꾸었다는 엄마도 보았다.

사진

굳이 그럴 필요 없다. 구글포토를 다운받고, 동기화시켜 놓으면 자동으로 앱 크라우드 상에 저장되기 때문에 휴대폰을 잃어버리거나 사진을 삭제해도 구글포토에 다 남아 있다. 연도별, 시간별로 사진이 정리되어 있어서 따로 정리하지 않아도 된다. 필요한 사진은 그때그때 찾아서 볼 수 있다.

"복잡해."

"언제 그걸 다 배우지?"

"난 기계치인데……."

이런 생각을 가지고 있다면 4차 산업혁명 시대에 비즈니스인으로서 경쟁력이 점점 더 떨어질 것이다.

다시 일하기 위해서는 모바일을 잘 활용해야 한다. 다양한 비즈니스가 그 세계에서 펼쳐지고 있다. 생활 속에서 이를 잘 활용하는 센스 있는 엄마가 되어 보자.

사업은 틀을 깨는 것이다

사업은 철저하게 수익 모델을 분석하고 시작해도 열에 아홉은 망한다. 그런데 나는 돈 계산도 하지 않고 이 일을 시작했다. 정말 무모했다. 그런 준비가 안 된 상황에서 운이 좋았는지(?) 비즈니스가 순항을 했다.

날마다 좋은 일이 있었고, 새로운 제안이 계속해서 들어왔다. 어느새 나는 사업 전선의 한복판에 들어와 있었다. 그러다 드디어 결정할 순간이 왔다.

돈을 버는 기업이 될 것인가? 아니면 엄마들과 재능 기부하는 동아리 모임의 형태가 될 것인가? 매우 현실적인 질문이었다. 엄마들은 당연히 돈을 벌기 원했고, 나 역시 숨만 쉬어도 고정적으로 지출되는 비용에 허덕이고 있었다.

초창기에 가장 필요한 업무인 디자인, 마케팅, 편집을 하는 엄마들에게 아르바이트 정도의 비용을 매월 지급하였는데, 그들은 시간이 지나자 정규직으로 전환하기를 희망했다. 당시엔 정규직으로 채용하기에는 고정 수입이 없는 상황이었다. 그냥이라도 일하고 싶다는 엄마들이 많았지만, 그건 마음의 빚을 지는 것 같아서 거절했다. 그러고 보니 현실은 1인 창업자였다.

당시 나에게 유일하게 스트레스를 준 사람들은 엄마들의 재능을 당연하게 활용하여 자신의 콘텐츠를 만들고, 홍보하려는 사람들이었다.

처음엔 그렇지 않았으나 점점 당연시 여기는 사람들을 만나면서 화가 나고, 힘이 빠졌다.

사업가로서 스스로 준비가 되지 않은 나 자신을 자책할 때도 있었다. 수요와 공급 사이에서 내가 시스템을 잘 만들면 더 윈-윈 할 수 있을 텐데……. 남편에게 생활비를 더 달라고 하니, 남편의 걱정도 컸다. 더 이상은 안 될 것 같았다.

나는 벼랑 끝에 매달린 심정으로 '돈 공부'를 하기 시작했다. 낮에는 방송 일을 하고, 밤에는 해법을 찾기 위해 돈, 재테크, 비즈니스에 관한 책을 읽으며 돈 공부에 매진했다.

돈에 눈을 뜨게 해준 책
《부의 추월차선》
《부자 아빠 가난한 아빠》
《나는 4시간만 일한다》
《보도 섀퍼의 돈》
《놓치고 싶지 않은 나의 꿈 나의 인생 1, 2, 3》
《리얼리티 트랜서핑 1, 2, 3》

사업의 '사'자도 모르고 돈의 'ㄷ'도 모르고 이 세계에 뛰어든 내가 한심했지만, 한편으로는 돈 공부가 너무 즐거웠다. 새로운 세계를 만난 듯했고, 사업에 적용하면서 매일 시도할 수 있는 부분이 많아서 재밌었다.

나는 10만 원부터 시작해서 P2P투자, 주식, 부동산, 온라인 사업 등을 틈나는 대로 공부하며 테스트해 보았다. 그러한 갈급함에서 만든 프로그램이 바로 '부자 엄마 되기 프로젝트'이다.

부동산, 재테크로 유명한 강사인 유수진, 김유라, 그리고 이지영 작가님이 돈 공부의 선생님이 되어주었다. 이들의 영상은 지금까지도 유튜브에서 높은 조회 수를 기록하며 인기가 높다.

엄마들에게 좋은 도전을 하도록 북돋아준 선생님들에게 너무나 감사하다.

'부자 엄마 되기 프로젝트' 영상들

이 영상들에 대한 엄마들의 반응은 좋았다. 우리는 아이를 키우며 다른 방식으로 돈을 벌고자 하는 엄마들의 수요가 많음을 알았다. 실제로 유튜브와 독서를 통해 재테크를 공부하는 엄마들이 많다.

이에 김유라 강사와 '가계부 다이어트'라는 교육 프로그램도 콜라보로 진행했다. 프로그램에서는 개인의 가계부를 일대일로 코칭해주고, 실제 생활비를 줄이는 방법을 알려주었다. 가정 경제를 살리고, 부수입 창출 방법까지 익힐 수 있어 매우 유익했다는 피드백이 많았다. 강의를 듣기 위해 제주도에서 올라온 엄마가 두 명이나 있어 무척 놀랐다.

●

나만의 비즈니스 모델은 '재미'다

"맘스라디오? 취지는 좋은데……. 수익원이 뭐예요?"

이런 질문을 많이 받았다. 나 역시 그게 너무 궁금하다고, 누가 답 좀 해달라고 속으로 말하곤 했다. 어떻게 하면 대박 수익을 창출할 수 있는지 누가 좀 콕 찍어주면 좋으련만! 아무도 그러는 사람이 없었고, 아마 앞으로도 그럴 것 같다.

역시 돈은 쉽게 찾아오지 않았다. 무수한 시간 동안 헛발질하고, 공을 들여 시도하고, 노력하고, 거절당하며 천천히 배웠다. 사업에서 수익이 나는 구조를 만들려면 넘어지는 시간이 더해져야 하나 보다. 적어도 나에겐 그랬다.

돈을 떠나서 나는 콘텐츠를 만드는 게 너무 재밌다. 그래서 자꾸 일을 벌인다. 어떤 일이 들어왔을 때 재미가 있으면 계산하지 않고 한다. 그런데 재미가 없다면 단가라도 높게 부른다.

대부분 성공의 기준을 '수익'과 '통장'에 두고 이야기한다. 그런데 그 일에서 재미와 기쁨이 얼마나 있느냐도 기준이 되었으면 좋겠다. 수익, 통장, 재미 이 세 기준을 바탕으로 성공을 말하면 어떨까?

일이 재미있다면, 언젠가는 수익이라는 열매가 맺힐 것이다. 돈은 자동으로 따라올 것이다. 그때는 돈 버는 맛, 그 재미와 기쁨에 더욱 달콤해지겠지.

고로 개업하자마자 돈 되는 일로 경제적 자유를 얻을 수 있다는 제안에 넘어가지 말자. 놀라운 창업 신화나 대박 신화는 매혹적이지만, 그것은 유혹이다. 빨리 성공해서 열매를 보려는 급한 마음이 들면 주의하자.

내가 그런 마음을 가지고 있으면, 그렇게 현혹하는 사람에게 돈을 빼앗길 수 있다. 나도 크게는 아니지만 그런 일을 겪은 적이 있다. 말이 워낙 그럴싸하여 웹 개발이나 마케팅 등의 일을 맡겼다가 돈을 받지 못한 적이 몇 번 있었다.

처음 그런 사람들을 만났을 때는 당장이라도 큰 효과를 볼 수 있게 홍보를 잘해줄 것 같았다. 그런데 더러는 지키지 않는 약속을 남발하고, 일한 흔적만 대충 보여준 채, 연락이 두절되기도 했다.

나만의 수익 모델은 무엇인가?

'무엇을 제공하여 어떻게 돈을 벌 것인가?

이를 수익 모델이라 한다. 우리나라에서는 자영업 하면 대부분이 식당을 차린다고 한다. 식당뿐 아니라 오프라인 사업을 시작하려면, 초기 자본금이 인테리어나 기기 대여 등으로 최소 2억 원은 든다. 그렇게 공을 들여 창업해도 월 평균 순이익이 100만 원이 넘는 자영업자가 5%밖에 안 된다는 통계를 본 적이 있다. 무척 충격을 받았다.

나는 오프라인보다는 온라인 기반의 지식 창업을 추천한다.

머릿속에 있는 아이디어, 지식 등 콘텐츠를 기반으로 하는 창업은 초기 자본이 들지 않는 데다 무한한 가능성을 가지고 있다.

유튜브에서 늘 인기 있는 콘텐츠는 '돈 버는 방법'에 관한 것이다. 어떻게 하면 돈을 많이 벌 수 있는지 사람들의 방법론은 정말 다양하다. 마케팅, 쇼핑몰, 1인 창업 성공법 등 그 노하우를 이야기하는 영상은 조회 수가 높다. 나는 그런 영상을 보며 최근 마케팅 기법이라든지, 다양한 수익 모델을 발견한다.

하루에 한 시간씩 영상을 보면서 수익 모델을 공부하자. 직접 해당 분야에 창업해서 성공하거나 실패한 사례를 들으면 도움이 많이 된다. 어떤 방법으로 사업 아이템을 정하고, 돈을 벌게 되었는지 자꾸 보다 보면 내가 하고 싶고, 잘할 수 있는 사업 아이템을 발견할 수 있다.

세계적인 강연자 토니 로빈스는 사람의 욕구를 6가지로 요약했다. 확실한 안정감, 불확실한 모험, 인정 욕구, 사랑과 소속, 성장, 기여, 이렇게 6가지이다. 이 중에 3가지만 만족시켜도 사람들은 그것에 '중독' 현상을 일으킬 만큼 빠져든다고 한다. 내가 제공하려는 서비스가 사람의 욕구를 만족시키는가? 어떤 욕구를 만족시키는가? 체크해보자.

가격대는 상/중/하 중 어느 수준으로 정할 것인가? 저렴하게 하는 대신 서비스의 품질을 낮출 것인가? 아니면 높은 단가를 책정하면서 제품에 대한 서비스의 질을 차별화할 것인가?

타깃이 되는 연령층, 성별, 지역은 어디인가? 누가 나의 서비스 제품을 찾을까? 이런 질문을 거듭하면서 서비스 단가를 정하면 된다.

사업화를 위한 체크 리스트

① 사업 아이템을 한 문장으로 요약해보아라.(20글자 이내)
② 현황 분석: 고객이 느끼는 문제점은 무엇인가?
③ 솔루션: 고객에게 제공하는 가치는 무엇인가?
④ 비즈니스 모델: 수익 모델 및 가격 정책, 마케팅 계획
⑤ 시장 분석: 타깃 고객은? 경쟁 동향은? 시장 규모 및 트렌드는?
⑥ 일정: 추진 로드맵 그리기
⑦ 조직 구성: 팀 멤버(프로필) 조직하기
⑧ 재무 계획: 자금, 매출, 추정 손익, 향후 1년간 월별 비용 계획 및 예상 손익, 투자 희망 금액 및 사용 계획 세우기
⑨ 세무나 법률적인 자문 계약하기
⑩ 조직 시스템 구성: 아침에 눈 떠서 오고 싶은 직장 문화 만들기
⑪ 열성 팬 만들기

육아와 창업을 어떻게 병행할까?

① 삶을 단순화하라

요즘 심플 라이프, 미니멀리즘 라이프스타일이 유행한다. 넷플릭스에서 방영된 다큐멘터리에 두 남자가 배낭 하나를 메고 여행하면서 미니멀라이프의 강점을 강연하러 다니는 삶이 나왔다. 이를 보면서 육아와 사업을 병행하기 위해 중요한 점이 떠올랐다. 바로 '줄이고 또 줄이는' 심플 라이프다.

'성공한 사업가들은 왜 옷을 한 가지만 입는가?'라는 글을 보았다. 그들은 시간을 전략적으로 꼭 써야 할 곳에 쓰며, 소중히 여긴다. 매일 입는 옷은 정해서 거기에 시간을 허비하지 않는다. 사업은 강하게 실천하며 앞으로 나가야 하는데, 이것저것 신경 쓰는 게 많으면 순식간에 뒤처질 수 있다.

육아와 사업을 병행하기 위해서는 먼저 삶을 단순화해야 한다. 옷도 화장품도 최소화하는 게 좋다. 치우고 치워도 늘 그 자리인 것 같지만, 틈틈이 정리하고, 버릴 건 버리자. 신경 쓰는 것이 줄수록 생각도 심플해지고, 중요한 순간에 결정도 단호하게 내릴 수 있다.

요즘 중고 용품을 파는 앱이 활성화되어 있다. 아이가 자라면서 쓰지 않는 물건은 날 잡아서 그때그때 중고로 팔고, 유치원에서 받아온 많은 작품은 사진으로 아름답게 보관하자. 철이 지난 옷도 정리하여, 아침마다 옷이 어디에 있는지 스트레스를 받으며 우왕좌왕하지 말자.

② 나의 시간과 리듬을 찾아라

삶을 단순화한 다음에는 시간의 효율을 높이자. 오랜 시간 의자에 앉아 있다고 공부를 잘하는가? 한 시간을 앉아 있더라도 얼마나 집중하는지, 또 어떤 창의적인 생각을 하는지가 중요하다. 그리고 내가 아침형 인간인지, 올빼미형 인간인지 파악하는 일도 중요하다.

아이를 키운다면, 아이가 자고 있는 새벽이나 잠이 든 밤에 집중해서 일하는 게 낫다. 새벽형 인간이라면 많은 이의 삶을 변화시킨 책 《미라클 모닝》을 읽어보자. 새벽 시간을 활용하여 성공적인 삶을 이끈 사람들을 모델링 할 수 있을 것이다.

아이를 키우다 보면 새벽에 자주 눈을 뜬다. 그때 그냥 휴대폰을 보고 SNS를 눈팅 하지 말고, 새벽 시간을 황금 시간으로 활용한다면, 기적 같은 일들이 일어날 것이다.

③ 육아는 체력이다

아이가 쿡쿡 찔러야 눈이 떠지는가? 육아는 체력이라는 말이 있다. 육아와 사업을 병행하려면 더더욱 체력 관리는 필수다. 그런데 어디 요가나 필라테스 학원이라도 다니려면 늘 시간이 문제다. 아이를 맡기고 학원에 가고, 다녀와서 샤워하고 나면 3시간 정도가 소요된다. 나에게 그 시간은 사치다. 마음이 급해서인지 오가는 시간이 아깝기도 하고, 또 할 일이 늘 있기 때문에 어디 가서 운동하는 게 쉽지 않다.

대신에 나는 요즘 아이를 위해 사놓은 트램펄린 운동을 매일 하고 있다. 트램펄린은 어렸을 때 재밌게 방방 뛰었던 바로 그 운동기구이다. 새벽에 눈을 뜨면 나는 독서를 하고 그날 할 일을 정리한다.

그러다 아이가 깨면 신나는 댄스 음악을 틀고 트램펄린 위에서 팔짝팔짝 점프하면서 몸을 움직인다. 5분만 뛰어도 땀이 난다. 그러면 아이는 엄마를 따라서 자기도 하겠다고 난리다. 아침에 일어나자마자 아이도 트램펄린에서 땀나게 운동을 한다. 그렇게만 해도 땀이 나고 개운하다.

이것은 나의 방법이다. 자신만의 몸 푸는 방법을 고안해서 꼭 하루에 한 번은 스트레칭과 함께 땀나게 몸을 움직여보자. 그러면 단 한 시간 일을 해도, 시간 효율성이 높아져 집중력 있게 할 수 있다.

④ 덕력(?)을 포기하지 말라

워킹 맘들은 아이에 대한 '죄책감'에 가장 많이 힘들어하지 않을까? 돈을 얼마나 번다고 아이와 함께 있어주지도 못하고, "빨리! 빨리!"를 외치며 하루를 다 보낸다. 오늘 하루도 무사히 보냈다며 안도의 한숨을 쉴 때면, '그냥 회사를 그만둘까? 아이랑 여행이나 다니고 싶다……' 하는 생각이 불쑥 든다.

일도 육아도 잘하고 싶은데, 둘 다 힘들다. 만약 둘 중 하나라도 내가 실망감을 주거나 상처를 입힌다면, 직장을 먼저 포기하고 싶은 마음이 굴뚝같다.

이런 점이 엄마들이 새로운 일, 창업을 더욱 망설이는 이유다.

얼마 전에 만난 두 엄마는 육아 휴직 중이었다. 직장 다닐 때는 아이 생각에 늘 마음이 짠했는데, 막상 아이와 함께 있으니 자꾸 일 생각이 나고, 이렇게 놀아도 될까 하는 불안감이 올라온다고 고백했다.

새로운 일에 도전하려면 무엇보다 '모드 전환'을 잘해야 한다. 방 안에 있는 스위치를 켜면 불이 켜지고, 끄면 꺼지듯이 엄마들은 '육아 모드'와 '일 모드'를 자유자재로 전환하게끔 훈련해야 한다.

일하면서 모바일로 장을 보고, 아이와 있으면서 직장 일을 한다면, 일에서 발전하는 속도가 더딜 수밖에 없다. 일에만 집중해도 경쟁이 치열한 상황이다. 그런데 모드 전환을 잘하지 못하면 제자리걸음을 하다 뒤처지고 만다.

육아 모드에서는 아이와 온전히 있어 주려는 노력을 해야 한다. 고무줄 바지로 편하게 갈아입고, 아이의 눈높이에 맞춰 충분히 놀아 주자. 생각의 끈을 느슨하게 하고, 아이와 지금 이 순간을 즐기자. 적어도 아이가 커서 "엄마가 나한데 뭘 해줬는데?"라고 하는 말은 듣지 말자!

물론 모드 전환을 제대로 하려면 또 다른 에너지가 필요하다.

명상을 먼저 시작해도 좋다. 방법은 간단하다. 나는 일 모드로 전환할 때에 내가 무언가를 성취해서 기뻤던 순간, 행복했던 순간을 떠올리며 에너지를 한껏 끌어올린다.

'할 수 있어!'

'난 잘하고 있어!'

'나는 무엇을 이루기에 충분한 사람이야!'

'나는 사랑받는 사람이야!'

이렇게 스스로 외치며 일 모드로 전환한다. 그러면 주어진 시간에 최고의 상태로 최선의 성과를 낼 수 있다.

앞으로는 직장에 다니는 사람보다는 프리랜서로 일하는 사람이 점점 더 많아질 것이다. 외국의 유명 기업의 경우에도 사무실 없이 재택근무로 전환했다. 이런 사회 속에서 인정을 받으려면 일 모드와 일상 모드를 스스로 구분하여 자기 관리를 해야 한다. 언제 어디서든 일 모드로 빠르게 전환하는 사람이 최선의 성과를 내고 더 많은 수익을 얻을 수밖에 없다.

21세기에 단순 노동은 인공지능 로봇이 충분히 대체할 수 있다. 식당에서 자판기로 메뉴를 고르고 결제한 후 입장하는 일은 이제 흔하다. 나도 개인적으로는 비대면 서비스가 훨씬 더 편하고 익숙하다. 앞으로 단순 업무는 로봇에게 양보하게 될 것이다. 또한 이제 자신만의 콘텐츠가 있는 사람은 로봇 대신 일하는 게 아니라 로봇에게 지시하는 일을 하게 될 것이다.

나에게 던져야 할 질문 세 가지
❶ 나만의 콘텐츠는 무엇인가?
❷ 사람들이 나에게 자주 물어보는 것은 무엇인가?
❸ 내 인생을 돌아볼 때, 다른 사람에게 도움을 줄 수 있는 나만의 스토리 혹은 재능은 무엇이었나?

앞의 세 가지 질문을 수시로 던져보자. 이 질문들은 자기 콘텐츠를 쌓아 올리게 한다. 덕력을 포기하지 말자. 나만의 콘텐츠를 발견하고 그것을 사업화하는 것에 대해 연구해보자.

매일 육아 모드와 일 모드를 전환하며 꾸준히 자신만의 콘텐츠를 만들어가자. 이를 펼치고 상품화하는 시대가 왔다.

무언가에 최선을 다하기 위해서는
나 자신이 먼저 최선의 상태여야 한다.
최선의 상태는 충만한 에너지, 가벼운 몸, 열정이다.
– 로비 존스건

나만의 브랜드
기획하기

●

무엇을 말하려고 하는가?

미디어의 종류는 다양하다. 라디오, 텔레비전, 뉴스, 매거진 등 매체는 다르지만, 가장 중요한 요소는 같다. 바로 '무엇을 말하고자 하는가?' 하는 콘셉트와 기획력이다.

종종 나에게 "유튜브 채널 만들었어요." 하고 피드백을 받기 위해 링크를 보내는 이들이 있다. 도입 부분의 편집 기술도 화려하고, 카메라 화질도 최상급 4K이지만 끝까지 보기 힘든 경우가 많다. 그 이유는 '무엇을 말하고자 하는가?' 하는 핵심 메시지가 부족하기 때문이다.

즉 시청자를 끝까지 보게끔 하는 힘이 부족한 영상이 많다.

비싼 장비도, 화려한 편집 기술도 꼭 필요한 요소가 될 수 없다. 그것은 부차적인 요소다. 휴대폰 화면으로 편집하지 않고 찍어서 바로 올린 영상이라도 무엇을 말하려는지가 뚜렷하고, 꼭 필요한 내용이라면 불편함 없이 끝까지 시청할 수 있다.

항상 잊지 말아야 한다. 장비보다 중요한 건 콘텐츠, 내용 기획이라는 사실을 말이다.

누구에게 말하려고 하는가?

나만의 독자적인 콘텐츠를 쌓기 위해 몇 가지를 점검해야 한다.

- 이 영상을 누가 시청하면 좋을까?
- 이 영상을 시청하는 사람의 관심사는 무엇일까?
- 이 영상을 시청하는 사람에게 필요한 정보는 무엇일까?

일상에서 대화할 때도 누구와 대화하느냐가 가장 중요하지 않은가? 친정 엄마와 대화할 때와 시어머니와 대화할 때, 그리고 친구와 대화할 때, 상사와 대화할 때는 말투뿐 아니라 대화 내용도 하늘과 땅 차이다.

상대가 누구인지 고려하지 않고 내가 하고 싶은 말만 하면 일명 꼰대가 될 수 있다. 그러면 방송을 하더라도 벽을 보고 이야기하는 것과 다르지 않다. 또한 '이걸 얘기하면 대박이겠지?' 하면서 나 중심적인 이야기를 해가면 몇 달을 해도 조회 수는 제자리걸음일 것이다.

내가 대화하려는 사람을 명확히 하자. 그리고 그들의 관심사를 파악하여 니즈를 충족시켜야 한다. 그래야 상대가 소중한 1분 1초를 써가며 나의 콘텐츠를 시청할 것이 아닌가?

●

특색 있는 콘셉트를 잡는 법

유튜브 영상도 유행이 있다. 예전에는 텔레비전 방송을 개인이 유튜브로 따라해 보는 방식이 많았다. 이제는 유튜브 콘텐츠가 더 앞서고, 텔레비전 방송에서 그 형식을 도입하고 있다.

가장 기본적인 콘셉트는 스토리 텔링(story telling) 방식이다. 소위 앉아서 이야기하는 방식으로, 가장 쉽게 촬영하고 시작할 수 있는 장점이 있다. 그런데 쉬운 만큼 이야기가 특별해야 한다. 누구도 말해주지 않는 비법, 자신만의 특별한 인생, 노하우, 날카로운 견해를 가지고 말해야 한다. 내용 자체로 승부를 보아야 하기 때문에 사람들이 혹~ 하고 귀를 기울일 만한 스토리를 가지고 있어야 한다.

두 번째 콘셉트는 스토리 두잉(story doing)이다. 말하는 내용이 아닌 보여주는 행동이 독특해야 한다. 가장 쉬운 예로 먹방이 있다. 한국인처럼 먹는 걸 좋아하는 민족이 있을까?

19세기 구한말 영국 여성 여행작가 이사벨라 버드 비숍은 조선을 다녀간 후 1987년 《한국과 그 이웃나라들》이라는 책에서 조선인들을 '대식가'라고 표현했다. 거기에 먹는 걸 좋아하며 포만감을 즐기는 민족이라고 기록했다.

유튜버는 어떻게 먹나? 그냥 먹으면 안 된다. 독특하게 보여줘야 한 다. 엄청나게 많은 양의 라면을 한 번에 끓여 먹는다든가 엄청나게 매 운 라면을 빨리 먹는다든가 술안주로 좋은 갖가지 신기한 음식을 한 상 차려놓고 먹는 모습 등을 보여주어야 한다.

우리는 먹는 방송, 먹방(MUKBANG)이라는 말을 글로벌 신조어로 탄생시킨 민족이다.

그 외에도 'OO 해봤더니' 콘텐츠는 키즈 채널의 주요 콘셉트이다. 새로운 장난감으로 놀아본 이야기가 전부다. 장난감이 얼마나 많은 지 매일매일 새로운 장남감이 소개된다. 아이들의 입장에서 새로운 장난감으로 재밌게 놀아보는 욕구를 해소해주므로 꾸준히 인기를 모 으고 있다.

세 번째 콘셉트는 스토리 리빙(story living)이다. 스토리의 가장 강 력한 방식은 '삶', '살아내는 것'이다. 그래서 뜨는 것이 바로 '여행' 콘 텐츠다. 거기 가니까 맛있는 것도 많고, 재미있다는 것을 보여준다. 듣 고 보는 것보다 더 강력한 것은 직접 살아보는 '삶'이 아닐까?

엄마들 사이에서도 한 달 살기, 일 년 살기가 유행이다. 텔레비전 예능 프로그램에서도 요리법, 먹방의 유행을 지나 실제 삶을 살아보 는 콘텐츠가 꾸준한 인기를 끌고 있다.

현재 유튜브에서 가장 강력하고, 인기 있는 콘텐츠는 바로 이 세 가 지가 적절하게 융화되어 있다. 정리하자면, 직접 살아낸 삶을 사람들 의 필요에 맞게 정리해서 영상에 담아내는 채널!

채널 이름 짓기

내가 잘할 수 있고, 오랫동안 할 수 있는 콘셉트를 잡았다면 채널의 이름을 지어보자. 돈 버는 법에 관한 채널을 만들기로 한 사람이 채널 제목을 '신사임당'이라고 지었다. 채널 이름만 들어도 5만 원권이 생각나고, 채널의 성격도 명확하게 드러난다.

채널 이름만 들어도 무슨 이야기를 하려고 하는지, 성격을 알 수 있도록 한두 단어로 요약해보자. 개인 브랜드를 내걸고 활동하는 이들은 흔히 자신의 이름 석 자에 TV를 붙여서 채널 이름을 만든다.

자기계발, 사업, 재테크 분야의 경우에도 이론보다는 직접 겪은 처절한 경험과 실패담이 중요하다. 나는 어떻게 어려움을 딛고 일어났는지, 고난 속에서 어떻게 성공의 길로 가게 되었는지 등 자신만의 삶을 꾹꾹 눌러 담은 콘텐츠가 결국 가장 강력하고 영향력이 있다.

나만의 브랜드를 기획하는 법

브랜드 만들기는 필수다. 나만의 콘셉트를 브랜드로 만들어야 유튜브 채널도 만들고, 책을 써서 출판할 수도 있다. 또한 사람들에게 쉽게 각인되어 마케팅도 수월하게 할 수 있다.

나는 브랜딩 하는 작업을 좋아한다. 어렸을 때부터 별명 지어주기를 좋아해서 친구들을 웃기기도, 짓궂게 울리기도 했다.

그 재능이 비즈니스로 이어져서 감사할 따름이다. 맘스라디오에 찾아오는 이들과 대화를 나누다 보면, 그의 인생 스토리와 연관된 이미지와 단어, 카피가 떠오른다.

브랜드를 기획하는 방법 예시

❶ '신사임당' 채널

사람들에게 어필하고 싶은 부분은 무엇인가?
: 창업, 자수성가, 자기계발, 월 천만 원 벌기

채널의 성격을 한 문장으로 표현한다면?
: 돈 버는 법, 돈

돈 하면 떠오르는 것은 무엇인가?
: 신사임당, 부자

❷ '맘스라디오' 채널

사람들에게 어필하고 싶은 부분은 무엇인가?
: 육아 콘텐츠, 엄마들에게 필요한 방송, 다른 일을 하면서 들을 수 있는 방송

채널의 성격을 한 문장으로 표현한다면?
: 엄마와 라디오

엄마와 라디오 하면 떠오르는 것은 무엇인가?
: 맘스라디오

브랜드를 기획하는 방법은 어렵지 않다. 바로 내 인생에 힌트가 들어 있기 때문이다. 내 인생에 자주 등장하는 단어, 터닝 포인트가 되었던 말, 앞으로 내가 가고자 하는 방향을 나타내는 문장 등이 브랜드 기획에 힌트가 될 수 있다.

●

악플에 강해질 것, 그리고 배울 것

맘스라디오 콘텐츠에는 악플이 거의 없는 편이다. 그러나 이를 무조건 좋아할 수는 없다. 그만큼 많은 사람이 보지 않았다는 말이기도 하기 때문이다. 보통 조회 수가 1만이 넘으면 '싫어요'와 악플이 하나씩 늘어간다. 물론 '좋아요'와 선플은 더더욱 많아지지만.

댓글이 달릴 때마다 친절하게 알림이 온다. 로그인 후 오른쪽 위를 보면, 알림 표시가 있다. 누군가 댓글을 남기면 숫자가 늘어난다.

피드백을 바로 확인할 수 있다. 좋은 댓글에는 힘이 나지만, 당연히 악플에는 기분이 상한다. 하지만 댓글 하나하나에 반응할 수는 없는 일!

좋은 말은 감사하게 받고, 실수를 지적하는 댓글은 겸허히 받아들이고, 악플은 그렇게 생각할 수도 있구나 하고 넘어간다. 다양한 의견 중 하나로 받아들이는 게 정신건강상 좋은 것 같다. 악플을 마음에 품고 생각하고 또 생각하다 보면, 콘텐츠 만드는 데 걸림돌이 된다.

인기 유튜버인 정선호 씨는 엄마와 함께 콘텐츠를 만들어 인기를 모았다. 엄마와 아들이 장난을 치고 서로의 반응에 즐거워하는 모습을 보면, 너무나 보기가 좋다. 아들의 심한 장난에 엄마가 욕(?)을 하기도 하는데, 그럼에도 애정이 묻어 있어서 욕으로 들리지 않을 정도다. 그런데 어느 날 정선호 씨가 유튜브 하기가 힘들다고 선언했다.

어떤 사람이 '엄마를 콘텐츠를 위해 이용한다(?)'는 식의 악플을 달았다. 그는 그 말이 걸림돌이 되고 자꾸만 화가 나서 유튜브를 쉬고 싶다고 했다. 울먹이며 말하는 그의 모습을 보며 마음이 아팠다.

누구보다 엄마를 사랑하고, 지켜주고, 귀여워(?)해주는 아들의 마음을 '이용'이라는 말로 단죄해버리다니. 정말 너무했다.

물론 악플러가 깊이 생각은 안 했을 것이다. 가십은 상대방을 진정 생각해서라기보다 단순히 재미로 말을 퍼트리는 경우가 많다. 하나의 콘텐츠를 올리기까지 얼마나 고민하고 촬영하는지, 그 수고와 편집의 고통을 지켜보는 사람은 짐작하기 어렵다. 말 하나로 기운 빼는 사람들을 보면 정말 야속하다. 하지만 너무 마음에 담지 말고, 반응하지 말자.

사람들의 생각은 다양하다. 오히려 모두의 박수를 받아야 한다는 생각이 큰 함정이 될 수 있다.

어쨌든 두 달 쉬고 오겠다는 그는 약속을 지켰다. 다시 엄마와 함께 즐거운 하루하루를 보내고 있으며, 그것을 영상으로 담아 유튜브에 올리고 있다.

●

내 채널을 키우는 특별한 전략 만들기

채널의 방향에 맞는 콘텐츠를 꾸준히 올리는 것이 중요하다. 1일 1영상으로 유명해진 유튜버가 있다. 꾸준함과 성실함의 대명사 JM이라는 채널이다. 그는 365일 날마다 1일 1영상을 올렸고, 365일이 되는 날, 그 영상이 빵 뜨면서 클릭했던 기억이 있다.

'오. 신기하다. 이런 채널도 있네!' 하면서 도대체 뭐하는 남자이길래 이렇게 꾸준히 영상을 올렸나 궁금해서 하나씩 클릭해서 보았다.

그에게 사이좋은 누이가 있다는 정보도, 일본에서 일을 하며 산다는 사실도, 결혼을 너무 하고 싶어 한다는 이야기도 알았다. 심지어는 그의 독특한 말 표현 "빵~갑습니다.", "그만 드루가세요~." 같은 말은 뇌리에 깊이 박혀 어느새 나는 그의 팬이 되어 버렸다.

나는 그가 밤마다 라이브방송을 하며 수많은 여성 팬들을 확보해가다가 결혼에 골인하는 모습까지 지켜보았다. 그에 대한 덕질(?)은 그렇게 마무리되었다. 결혼 이후 1일 1영상으로 지친 몸을 잠시 쉬겠다고 선언했기 때문이다.

영상 하나가 인기 상승으로 조회 수가 빵 터지는 일은 너무 중요하지만, 그 영상을 통해서 내 채널에 사람들이 얼마나 머무르는가 하는 점이 더 중요하다.

'어? 이런 채널도 있었네? 재밌다.'

이런 반응이 구독이라는 열매로 맺혀야 한다. 그렇게 영상 하나가 빵 터지는 날이 오기까지 다양하고 좋은 콘텐츠로 단장하고 기다리자.

인내심을 가지고 꾸준히 '1일 1영상' 하는 마음으로 콘텐츠를 기획하자. 그것이 내 채널을 키우는 특별한 전략이다!

똑똑하게
정부 지원 받기

●

발 빠르게 정보부터 찾았다

처음에 나는 직원도 없었고, 들어가는 비용도 없었다. 하지만 사업의 목적은 수익 창출이 아닌가.

가게 문을 열었다고 돈을 버는 게 아닌 만큼, 자본은 사업에서 필수다. 하지만 사업을 시작해보니, 돈 나갈 데는 많고 지속적으로 수익을 창출하는 일은 너무나 어려웠다.

사업에서 가장 중요한 건 자원, 즉 돈과 사람이다. 그러나 처음부터 여유로운 투자금을 가지고 사업을 시작하는 사람은 드물다. 일을 진행하면서 나는 물려받은 재산이라도 있었으면 하는 마음이 몇 번이나 들었다.

그러나 이내 나에게 큰돈이 주어졌다면, 지금 같아서는 금방 날렸겠구나 하는 생각이 들어서 돈이 넉넉하지 않은 데 오히려 감사했다.

하나씩 도전할 수 있는 것부터 해보기로 했다. 내 사업 분야가 콘텐츠 사업이라서 일단은 한국콘텐츠진흥원 사이트에 접속했다. 마침 '아이디어 융합팩토리'라는 프로그램이 있었다. 좋은 아이디어를 선정해서 멘토링해주고, 사업화할 수 있게 도와주는 내용이었다. 이거다! 당장 지원서를 작성하여 제출했다.

첫 지원서 제출, 너무나 감사하게 서류가 통과되었다. 이제 면접 심사를 받아야 한다.

그날 얼마나 떨리던지, 사업가로서 첫 무대에 서는 기분이었다. 결혼 전 입던 옷은 맞지 않고, 수유복 중에 가장 오피스룩 같은 옷을 골랐다. 다행히 여름이라 한 벌 치마로 된 옷이면 되었다. 심사위원석에 사람들이 가득 앉아 있었고 나는 너무 떨렸다.

'내가 수유복을 입은 줄은 모르겠지……? 엄마로서 이곳에서 발표하는 것 자체가 영광이다.'

이렇게 속으로 생각하며, 심사위원들의 질문에 하나하나 대답했다. 마치 오디션 프로그램의 무대에 선 듯했다.

"왜 이 일을 하려고 하죠?"

"아이 키우는 게 너무 힘들어서요. 예전에는 우물가에 모여 서로 아이 키우는 얘기도 하고 그랬는데, 지금은 각자 집에서 독박 육아를 하다 보니 산후 우울증이 90%가 넘는답니다. 엄마들의 이야기가 들려오는 라디

오가 있다면 혼자서 아이를 볼 때 지혜를 얻고, 위로를 얻지 않을까요?"

한 분 한 분 바라보며, 진정성 있게 이야기하려고 노력했다. 그리고 일주일 후, '아이디어 융합팩토리' 프로그램에 선정되었다는 소식을 들었다.

아이를 낳고 나서 첫 사회 무대로의 복귀다. 나는 다시 프로그램 작가로 복귀할 줄 알았는데, 새롭게 눈을 돌리니 현실적으로 내가 할 수 있는 일이 눈에 들어왔고, 그렇게 스타트업 CEO로서 무대에 섰다.

기획 단계에서 전문가 조언을 받자

좋은 사업 아이템은 어디에 있을까? 내 삶 속에서 내가 불편했던 일, 또는 개선되어야 한다고 느끼는데 나라면 잘할 것 같은 일, 무엇보다 한 번 도전해보고 싶은 일이 있다면, 사업 아이템으로 발전시킬 수 있다.

그런데 막연한 아이디어를 수익이 나면서도 사회에 기여할 수 있는 아이템으로 만들려면, 처음에는 전문가의 도움과 지원을 받으면 좋다. 가장 쉽고 빠른 방법은 지자체의 작은 창업 지원 프로그램부터 도전해보는 것이다.

지자체의 지원은 지원금이 적은 대신 창업 교육이 많다. 컨설팅에 더 비중을 두기 때문에 기획 단계를 꼼꼼히 거칠 수 있다. 그리고 거기서 알게 된 멘토와 정보를 바탕으로 조금씩 큰 지원금을 받을 수 있는 정부 과제에 도전하면 된다.

하나의 기업이 탄생하려면 많은 고민과 노력이 필요하다. 사업 초짜인데다가 육아와 병행한다면 급하게 마음먹지 말자. 오히려 천천히 하다 보면 보이지 않던 길이 보인다. 1인 기업가로서 나 자신은 지속적으로 성장하고 있기 때문이다.

아이디어를 한 줄로 요약하라

맨 처음 받은 멘토링을 잊을 수 없다. 현재 한국영화아카데미 원장을 맡고 있는 조성원 대표님이었는데, 그의 멘토링 핵심은 이것이었다.

'아이디어를 한 줄로 요약하라.'

3개월 동안 사업 아이템을 한 줄로 요약하는 게 과제였다. 5~6팀이 함께였다. 어떤 팀은 내용이 계속 바뀌었다. 멘토링이 끝날 때까지 정리가 안 된 팀도 있었다. 그 작업은 생각보다 쉽지 않았다.

나는 '엄마들을 위한 콘텐츠 플랫폼 맘스라디오'라고 한 줄로 요약할 수 있었다. 기획 초반에 이런 세세한 멘토링을 받을 수 있어 큰 도움을 받았다.

무슨 일을 시작하기 전에 내가 정말로 무엇을 원하는지 최대한 심플하게 정리하는 일이 얼마나 중요한지 배웠다. 언제나 해야 할 일과 하고 싶은 일이 많지 않은가. 그런데 한 줄로 요약하면 우선순위를 정할 수 있기 때문에 목표에 더 집중할 수 있다.

중간 발표에서 우리는 우수 팀으로 선정되었다. 또 최종 발표에서는 앱을 개발해 큰 주목을 받으며 우수상을 거머쥐었다. 그 3개월 간 잡지사에서 취재도 오고, 굉장히 좋은 일이 많았다.

그렇게 해서 맘스라디오는 한국콘텐츠진흥원 아이디어 융합팩토리 우수 팀으로 선정되었으며, 창업 지원금 4천만 원을 받았다.

과정마다 '피칭'을 거쳤다. 피칭은 떨림과 기대를 가지고 한다. 우리가 하고자 하는 일을 심사위원과 관중들에게 얼마나 설득력 있게 말하는가가 중요한 포인트다.

세계적인 사업가의 책《손정의 기적의 프레젠테이션》을 보면, PPT를 작성할 때 한 장에 그림 하나와 문장 한 줄로 요약하라고 나온다.

하고 싶은 말, 보여주고 싶은 자료가 많지만, 한 페이지에 그림 하나와 문장 한 줄로 모든 걸 담아내야 한다. 그러려면 계속해서 우선순위와 중요도를 걸러낼 수밖에 없다.

고로 Simple is the Best!

출산 후 첫 외박은 여성 사업가들과 했다

창업 지원금을 받고 본격적인 사업을 시작했다. 작가에서 대표로 명칭이 바뀌었지만, 사업에 대해 아는 건 하나도 없었다. 방송작가로 활동하면서 '한국방송작가협회'에 등록했듯이 여성 기업인들을 위한 협회가 있지 않을까 싶어서 검색해보았다. '한국여성벤처협회'가 있었다.

나는 사업자 등록을 한 지 3개월 만에 한국여성벤처협회에서 주관하는 워크숍에 참가했다. 남동생은 그런 곳은 중견 사업자들이 간다며 만류했지만, 나는 가야 할 것 같았다.

출산 후 첫 외박이었다. 그런데 친구들과의 여행도 아니고, 여성벤처모임이라니?!

홍보를 위해서 맘스라디오 로고 티셔츠를 입고 참가했다. 같은 여성에다가 사업하는 공통점이 있으니 서로 많이 도움을 주고받으리라는 기대에 차서. 그런데 정말 놀랍게도 맘스라디오가 방송을 시작한 지 3개월도 안 됐을 때인데, 대표들 중에 애청자를 우연히 만났다.

"어머! 맘스라디오 대표님이세요? 저 애청자예요! 정말 잘되셨으면 좋겠어요!"

깜짝 놀랐다. 너무 기쁘고 감사했다. 약 150명의 여성 대표 중에 한 사람이 애청자라니!

나는 새로 입회한 대표들이 인사하는 무대에 올라서 자신 있게 PR

도 했다. 그 후 많은 대표들이 호기심을 갖고 명함을 주고 갔다. 주로 제조업을 운영하는 대표들이었고, 콘텐츠 사업은 출판업 빼고는 드물었다. 아니 나 혼자인 것 같았다.

신출내기로서 사업을 운영하는 '대표님'들은 어떤 생각을 하고 있을지, 어떤 말을 할지가 궁금했다. 여성으로서 사업을 하면서 무얼 느꼈을까? 다들 어떤 사업을 운영하면서 수익을 내고 있을까?

여성 대표들을 만나 보니 공통점이 있었다. 그녀들은 내성적이든 외향적이든 자신만의 카리스마, 리더십이 분명히 있었고 아무 말 없이 앉아 있어도 카리스마가 뿜어져 나왔다. 좌충우돌 온갖 일을 겪으면서 자신만의 꽃을 피워냈기 때문이 아닐까!

그 자리는 나에게 신선한 자극을 주었다. 그리고 집으로 돌아가는 길에 우연히 한 대표님과 나란히 앉았다. 그녀는 분위기도 조용하고 내성적이었지만 나에게 마음을 열고, 자신의 인생 이야기를 들려주었다.

그녀가 결혼해보니 남편은 월급을 가져다주지 않는 사람이었다. 남편은 창업 초기니 성공하면 생활비를 갖다주겠다는 빈 약속만 했다고 한다. 무능한 남편 대신 시댁은 건물을 가지고 있었는데 시댁에서는 들어와서 살라고 하면서 월세를 내라고 요구했다.

참다못한 그녀는 아이 둘을 키우며 프리랜서로 일하기 시작했다. 급기야 싱글 맘으로 가정 경제를 책임지는 상황이 되었다. 가진 게 아무것도 없었던 그녀는 한 여성 대표를 찾아가 책상 하나만 쓰게 해달라고 부탁했다. 그리고 아이들을 친정에 맡기면서 두 달 뒤에 아이들을 꼭 찾아가겠다고 말하며 뒤돌아 울었다.

그렇게 책상 한쪽에서 먹고 자면서 울면서 사업을 일궜다고 했다. 나는 거기서 어떻게 지냈느냐고, 힘들 때는 어떻게 했느냐고 물었다. 그녀는 자신의 상황에 대해서 이야기할 사람이 없어서 힘들 때마다 한강에 차를 세워두고 펑펑 울고 왔다고 했다.

우리는 한동안 말없이 같이 울었다. 그녀는 그렇게 악착같이 생활하며 외주 일을 시작했는데, 마침 그 일이 큰 건으로 확대되면서 수익이 늘어나게 되었다. 다짐대로 2~3개월 만에 아이들을 친정에서 찾아와 조그만 월세 방을 마련했다. 그날의 기쁨을 잊을 수가 없었다고 했다.

뜻하지 않게 한 여성이 경제적으로 자립하기 위해 창업을 하고, 아이들을 키워낸 이야기를 들었다. 그녀는 지금은 좋은 사람을 만나 행복한 가정을 꾸리며 살고 있고, 사업도 번창하고 있다.

나는 '맘, CEO를 만나다'라는 프로그램에서 그녀를 인터뷰하고, 블로그에 그 내용을 담았다. 신기하게도 이 내용이 포털 사이트 메인 화면에 게시되었다. 이후 그녀는 다양한 매체에 인터뷰 요청을 받았고 소개되었다.

잠깐 만난 사이였지만, 우리는 깊은 대화를 나누었고 서로를 응원해주었다. 한국여성벤처협회의 인연은 이뿐만이 아니다. 협회 대표들은 홍보 영상 제작이나 마케팅 업무가 필요할 때, 우리 회사에 많이 의뢰를 해주어서 사업에 큰 도움이 되었다.

다들 동병상련이라고 할까. 같은 길을 걸어가기에 주어진 상황과 힘든 부분을 서로 잘 안다. 그래서 도움이 되는 정보를 공유하고 응원해주고 있다. 이런 모임이 있다는 사실이 힘이 된다. 무엇보다 이곳 덕분에 정부 지원 사업에 눈을 떴다.

맘스라디오에서 한국여성벤처협회 CEO들의 프로필 사진을 찍는 모습.

정부 지원을 받는 방법

① 멘토링 지원 사업을 신청하라

결국 일은 사람과의 만남이고, 같은 길을 가는 사람들의 조언이 필요하다. 먼저 여성이라면 한국여성벤처협회의 예비 창업 프로그램에 지원하여 멘토링 받을 것을 추천한다. 그렇게 하다 보면 선배 기업과 1대1로 매칭되어 사업 아이템의 점검과 피드백, 그리고 지원 사업에 여러 조언을 받을 수 있다.

너무 감사하게도 맘스라디오는 2018년에 멘토 기업으로 선정되어 콘텐츠 기업으로 창업한 예비 창업가들에게 석 달간 멘토링을 했다. 20대 중반의 나이에 반짝이는 눈빛으로 자신이 하려는 사업에 자신감을 가지고 실천하는 젊은이들을 만났다.

나는 이들과 창업뿐 아니라 연애, 결혼에 대한 이야기 등도 나누었다. 그들이 얼마나 기특(?)해 보이던지 앞으로 창업에 도움이 된다면 돕고 싶었다.

앞에서 이야기했지만 나는 한국콘텐츠진흥원의 아이디어 융합팩토리 프로그램에 선정되면서 영화사를 운영하는 대표님의 멘토링을 받았다. 그때의 설렘과 감동, 대표님이 베풀어준 지혜를 떠올리면서 초심을 잃지 말아야겠다고 자주 다짐한다.

② 창업 지원금을 신청하라

멘토링을 받고 내가 이 사업을 잘 운영할 수 있을지, 어떻게 꾸려가야 할지 막막하지만 목표가 생긴다면, 그다음은 창업 지원금을 준비해야 한다.

정부에서는 창업한 지 3년 미만인 기업에 한하여 창업 패키지 사업도 지원하고 있다. '기업마당'이나 'K Start up' 사이트에 가보면 다양한 지원 사업을 한눈에 볼 수 있다. 지원 자격이 되는 사업을 꼼꼼히 살펴보며 필요한 서류를 준비하면 된다.

③ 창업보육센터를 이용하라

사업을 운영하다 보면 고정 지출 비용이 가장 무섭다. 대표적인 항목이 사무실 임대료다. 최근에는 교통이 좋은 곳에 공유 오피스가 많이 생겨서 저렴한 비용으로 사무실을 구할 수 있다. 그런데 더 장기적인 관점으로 보면, 대학교에 부설로 설립되어 있는 산학협력관, 창업보육센터에도 꼭 문을 두드려보길 바란다.

그야말로 창업 기업을 보육(보살피고 키우는)하는 목적으로 설립된 곳이기 때문에 혜택이 많다. 맘스라디오는 현재 일산 동국대 산학협력센터에 입주해 있다. 일단 월세 비용이 관리비, 유지비를 포함해 주변 시세의 3분의 1 정도다.

또 대학교 시설이라 청소며, 관리까지 너무 깨끗하게 잘 운영되고 있다. 그밖에 창업 기업을 대상으로 한 정보나 혜택도 제공해준다. 일년에 한 번은 마케팅비도 2~300만 원 정도 지원해준다. 단, 서류와 발표

심사를 통과해야 입주할 수 있다. 그래서 타 기관에서도 창업보육센터에 입주한 기업에 대한 신뢰도가 높다.

④ 기업에 해당 인증을 받아라

사업할 때 가장 중요한 건 '신뢰'와 '실력'이라고 생각한다. 외주 용역을 하려면 그에 맞는 실적과 인증 자료가 필요하다. 그래서 틈틈이 '상표등록', '특허' 같은 지적재산권 등록이라든가 조달청 입찰을 위한 '직접생산인증'을 받아 두었다.

서류가 어찌나 많은지 울고 싶은 심정으로 꾸역꾸역 준비했다. 그래도 인증이 나오면 얼마나 기쁘고, 뿌듯하던지!

2018년에는 '벤처인증' 기업을 목표로 하고, 서류를 준비했다. 벤처인증은 기술보증기금에서 기업의 기술을 보증해줌으로써 은행에서 저금리로 사업 운영 자금을 대출해주는 제도다.

맘스라디오는 동영상을 만드는 기술, 그것으로 기업들과 용역 계약을 맺고 매출을 내는 부분에서 인정을 받았다. 창업 2년 만에 벤처기업으로 인증도 받고, 1억 원의 운영 자금도 대출받았다. 너무나 행복했다.

벤처인증을 받으면 법인세 할인과 세금 혜택이 있으며, 각종 정부 지원 신청 시 가산점이 붙는다.

⑤ 정부 지원금을 받은 후가 더 중요하다

사실 정부 지원은 받은 후가 더 중요하다. 예를 들어 1억 원을 지원받아서 예산을 집행했다면, 그 패턴이 남아서 지원금이 끝나는 시점에 그 이상의 매출을 일으키지 않으면 그만큼 다시 은행의 도움을 받아야 할 상황이 된다.

나도 1년간 정부 지원이 끝난 후가 제일 힘들었다. 고용도 늘어나고, 씀씀이도 커졌는데, 생각만큼 매출이 늘지 않아서 하루하루 통장 계좌만 들여다보던 시간이 있었다.

당시 창업한 지 얼마 되지 않아서 개인 대출도 잘 나오지 않았다. 그래서 남편이 모아놓은 생활 자금을 빌려서 급한 돈을 메웠다.

그러다 보니 자연스럽게 돈 공부에 매달렸다. 어떻게 하면 더 많은 수익을 창출할 수 있을까? 고정 비용을 줄이면서 고정 수입을 늘리는 방법은 무엇일까? 일하는 시간 대비 수익이 더 늘려면 어떻게 해야 할까?

정부 지원 과제를 진행하면 정말 바쁘다. 비용을 지출할 때마다 서류가 열 가지도 넘는다. 하루 종일 서류 작업을 하고, 반려가 되면 또다시 서류를 작성해서 전송한다. 복잡하고 까다로운 서류 작업을 하면서 비즈니스를 많이 배웠다.

정부 지원금을 받았을 때는 조심해야 할 점이 있다. 지원금을 '어떻게 써야 할까?' 하는 고민을 계속해야 하기 때문에 '어떻게 돈을 벌까?'라는 질문을 놓치기 쉽다. 그래서 항상 염두에 두어야 한다. 사업의 기본은 '매출'이다.

⑥ 투자받은 돈, 묵히지 말고 재투자하라

숨만 쉬어도 통장에서 돈이 빠져나가는 시대, 개인의 주머니도 금세 마르거늘 사업은 오죽할까? 직원 월급에 사대보험료, 부가세, 사무실 유지비 등 나가는 돈의 단위가 매우 크다.

큰돈이 들어와도 내가 그것을 관리할 능력이 없으면 그대로 마이너스로 이어진다. 그래서 벤처인증을 통해 받은 돈들이 빠져나가지 못하도록 과감히(?) 투자를 하기로 했다.

개인적으로 국내에서 가장 유명한 P2P 플랫폼에 조금씩 투자하고, 1년 정도 이자를 받아 보았다. 어느 정도 방법을 터득했기에 이번에는 개인이 아닌 법인투자로 1억 원을 투자했다.

나는 그 투자로 세금을 제외한 약 10%의 수익을 매달 받았고, 그것으로 사무실 임대료를 지불했다. 생애 가장 큰 투자였고, 그 투자를 통해 다양한 방식으로 돈을 벌 수 있음을 새롭게 경험했다.

⑦ 지식산업센터에 입주하라

어떻게 사업 자금을 더 확보할 수 있을까? 정부는 어떻게 기업을 후원해주나 하는 생각에 검색해보았다. 경기도 중소기업육성센터의 'G_money'라는 사이트를 발견했다. 자세히 보니, 4차 산업혁명 지식산업을 발전시키기 위해서 아파트형 공장의 새 이름 '지식산업센터'를 분양받는 기업에게 자금 대출과 1% 이자를 지원해주는 내용이었다.

나는 지식산업센터가 무엇인지 검색해서 간략하게 공부하고, 유튜브와 포털 사이트의 블로그를 넘나들면서 새벽까지 알아보았다. 그리고 다음 날 바로 지역의 지식산업센터 홍보관에서 상담을 받았다. 공부하고 알아본 대로 입주 기업의 혜택에 대해 자세히 들었다.

일단 계약금 10%만 지급하면, 중도금은 무이자 대출이 되며, 잔금의 이자 1%를 경기도에서 지원해준다. 다른 지원금으로는 부동산 투자의 제약이 많은데, 지식산업센터는 정부에서 밀어주는(?) 투자였다. 전매도 가능하고 부가세까지 환급받으니 혜택이 많은 편이었다.

창업지원센터는 입주 기간이 정해져 있다. 그래서 추후에 사무실 임대료를 낼 비용을 따져보니 지식산업센터에 이자를 내는 비용과 비슷했다. 게다가 지식산업센터에 분양을 받은 다음, 다른 기업에 임대를 줄 수도 있어서 과감히 투자하기로 결정했다. 그러면서 사업 계획을 세웠다.

여성 창업자, 유튜버를 위한 공유 오피스를 운영하는 것이다. 언제든 아이를 데리고 와서 보육하는 동안, 노트북으로 작업하고, 회의하고, 유튜브를 제작할 수 있는 공간을 만드는 일이 맘스라디오의 다음 목표이다.

●

사업 계획서는 먼저 멘토링을 받아라

사업은 말빨(?)이 중요하다. 나의 사업 아이템을 다른 사람에게 잘 설득해야 하기 때문이다. 그 관문은 두 가지다. 첫째는 서류가 통과되어야 하고, 그다음은 발표 심사를 잘해야 한다.

아무리 좋은 아이템이라도 서류가 엉성해서 앞으로의 비전과 방향이 잘 표현되어 있지 않다면, 심사 과정에서 혹평을 받을 수 있다.

시험은 답이라도 있지만 사업 계획서는 정답이 없다. 내가 그리는 대로, 말하는 대로 아직은 무형인 사업을 말과 글로 잘 표현해야 한다. 그러기 위해서는 시대의 흐름과 시장의 니즈를 잘 읽어내어 치밀한 전략을 짜야 한다. 또 함께할 사람이 누구인지, 창업가의 역량은 어떠한지 등을 문서에 잘 담아내야 한다.

초기에는 전문가의 멘토링을 받아보길 권한다. 'K Start up' 사이트에 보면 창업 교육 프로그램 있다. 그 프로그램은 '아이디어 개발 → 비즈니스 모델 수립 → 린스타트업' 등의 과정으로 되어 있다. 교육 및 멘토링을 통해 비즈니스 모델을 구체화하고 사업 계획 수립 과정을 지원해준다.

사업 계획서 작성도 예비 창업가들에게는 어려울 수 있으니, 반드시 창업 교육 혹은 전문가의 멘토링을 받아 보기 권한다.

K Start up 사이트 내 창업 교육 소개

창업의 기초부터 탄탄히 교육을 받으면, 추후에 정부 지원 사업에 참여하는 데 큰 도움이 될 것이다. 지금 아이디어 단계에 있다면, 문을 두드려 보자.

사업가는 말을 잘해야 한다

어느 날 벤처 기업인 모임에 갔다가 안건준 회장님의 강의를 들었다. 무척 당당하고 논리적으로 흥미롭게 말을 잘하는 모습에 반했다. 안 회장님은 닮고 싶은 기업인이다. 그분이 강조하는 점은 '말'이다.

"사업가는 말을 잘해야 합니다. 그래야 사업에 필요한 자원을 끌어올 수 있기 때문입니다."

공과대 출신인 안 회장님은 말을 잘할 수 있는 방법을 고민하다가 토론 방송을 보며 언변 훈련을 시작했다. 찬반 토론을 하는 출연자들의 논리를 분석하며, 상대방을 설득하는 언어의 힘을 길렀다는 이야기가 무척 인상 깊었다.

예비 창업자라면 스타트업 모임 등에서 자신의 사업 아이템을 발표하는 무대에 자주 서보라.

한국엔젤투자협회에서 매달 진행하는 세미나에는 '1분 소개' 코너가 있다. 그 세미나는 사업 이슈와 동향에 대한 내용의 강연으로 이루어져 있다. 그런데 중간 중간에 창업가들 10명 정도가 무대에 나와서 1분 스피치를 한다. 자신의 사업을 PR 하는 기회의 시간이다.

그 1분이라는 짧은 시간에 정말 신기하게도, 자신이 하고 있는 사업 아이템을 매력적으로 소개하는 대표가 많았다. 이를 보고 깨달았다. 사업가라면 자신을 무대에 자주 세워야 하는구나!

나는 심사위원 앞에서 발표할 기회가 많았다. 그 모든 순간들이 주마등처럼 지나간다. 초창기에는 수익 모델이 약하고, 사업에 대한 관념도 없었다. 그래서 심사위원들의 날카로운 지적에 당황해서 얼굴이 벌게 진 적도 많았다.

한번은 심사위원이 이런 질문을 던졌다.

"맘스라디오 DAU가 어떻게 돼요?"

"네?……."

그가 무슨 말을 하는지 몰라서 얼버무리고 말았다.

DAU는 Daily Activity User의 약자로서 일별 활동 이용자, 하루에 이 서비스를 몇 명 사용하는지를 말한다.

DAU는 사업할 때 중요한 데이터 중 하나다. 기본적인 트래픽에 대한 질문이었는데, 나는 무슨 말인지 이해하지 못했다. 하루 이용자 수가 어떻게 되는지, 그것을 수치화해서 자료로 활용하고 있는지, 나름의 전략과 아웃풋을 가지고 있는지 등등 여러 가지를 진단해보는 질문이었다.

사업을 위한 전문 용어들도 미리 공부해두자. 전문 심사위원들과 투자자들이 기업을 보는 관점은 다르다. 그러니 자신이 없더라도 자꾸 앞에서 발표하는 무대에 자신을 세우고, 사람들이 어떤 부분에 흥미를 가지며, 어떤 부분을 아쉬워하는지 주의 깊게 새겨들어야 한다.

또한 스타트업 뉴스라든지 사업계 동향, 스타트업 투자 소식 등에 귀를 열어놓아야 한다. 현재 각광받는 스타트업은 어느 기업이며, 어떤 기업에 투자를 많이 하는지 꾸준히 업계 소식을 챙겨 보자.

무엇보다 리더는 언어가 달라야 한다. 말 하나에 사업의 방향이 바뀌고 크고 작은 거래가 성사된다. 그래서 소위 언어의 '밀당'과 '눈치', '센스 지수'가 높아야 한다.

기업의 가치를 잘 표현할 줄 알고, 함께 협업하면 구체적으로 어떤 점이 상대에게 이익이 되는지를 분명하게 어필해야 한다. 즉 대표는 언어 훈련이 되어 있어야 한다.

한 여성 대표님은 한국여성벤처협회의 모임에 참석한 이유가 '대표의 언어를 배우기 위해서'라고 했다. 사람들에게 아직 현실화되지 않은 자신의 비전과 꿈을 말로 보여주며 설득하려면, 자신감 있는 태도와 말하는 기술이 필요하다.

그러려면 트렌드와 정보를 빨리 숙지해서 이야기를 이끄는 힘이 있어야 한다. 또 논리적이면서도 신뢰를 주는 언변과 호감을 주는 태도 등을 익혀야 할 것이다.

리더들이 모인 자리에 가서 그들의 옷차림, 말하는 모습, 어떤 이야기를 주로 하는지, 자주 쓰는 단어는 무엇인지 배워보자.

또한 발표 심사에서는 '시간 엄수'가 중요하다. 피칭이 시작되기 전, 사회자는 "발표 시간은 10분입니다."라고 말한다. 그런데 자기가 할 말이 많다고 해서 10분을 넘기고, 마음대로 15분, 20분을 쓰면서 "잠깐만요. 조금만 더 이야기하겠습니다."라고 한다면? 호감도는 급격히 떨어질 것이다. 심사 점수 역시 깎이고 말이다. 차라리 10분을 채우지 못할지언정 넘지는 말라는 멘토의 따끔한 조언이 기억난다.

그래서 주어진 시간에 사업 아이템과 비전을 이야기하는 연습을 해야 한다. 내가 발표하는 모습을 휴대폰으로 찍어보면서 연습하는 것은 어떨까? 내가 말할 때의 표정은 어떤지, 주어진 시간을 넘기지는 않는지 사전에 점검할 수 있다.

나만의 스토리와 진정성으로 다가가라

남을 설득하려면 먼저 '나'를 설득해야 한다. 남을 설득하는 것보다 나를 설득하는 데 훨씬 진중해야 한다. 결국 끝까지 함께하고, 이 사업을 꿋꿋이 지켜나가는 데 가장 든든한 버팀목은 나 자신이 아닌가.

일이 안 풀릴 때, 같이하는 동료들이 등을 돌리고 떠날 때, 사업을 그만둬야 하나 싶을 때, 나는 나를 어떻게 설득할 것인가? 수많은 역경과 실패가 기다리고 있더라도 반드시 이 일을 해야만 하는 나만의 이유, 스토리는 무엇인가?

사이먼 사이넥의 《나는 왜 이 일을 하는가?》라는 책을 참고하길 바란다. 사업을 하면서 우리는 '무엇을 어떻게 할까?'에 집중하면서 '왜 이 일을 하는가?'를 놓치고 만다.

'왜 이 일을 하는지'가 분명해지면, 서류 작업도 발표도 자신감 있고, 진정성 있게 준비할 수 있다.

충분히 내가 나를 설득할 수 있어야 남을 설득할 수 있다. 그 진정성을 전문가들은 한눈에 알아본다.

사업 아이템을 이야기할 때 얼굴 표정이 달라지고, 눈이 반짝거리고, 그것이 이루어졌으면 하는 희망으로 가득 찬 몸짓과 표정이 나온다면 다른 사람을 충분히 설득할 수 있다.

한마디로 전문 심사위원들이나 많은 사람 앞에서 나의 사업 아이템을 발표할 때, 떨리는 마음과 설렘이 있어야 한다. 거창하게 표현하면 그것은 내게 주어진 '사명'이다. 내 인생 스토리에서 혹은 나의 아픔에서 나온 사명. 내가 반드시 해야만 하는 일, 그리고 내 인생에서 지금 당장 해야만 하는 중요한 일이라는 사실!

그것을 온 마음과 눈빛으로 이야기할 수 있다면, 그 발표는 이미 성공한 것이 아닐까?

말을 잘하는 것 다음으로, 그 사람이 얼마나 진실하게 이 사업을 이끌어갈 것인가를 보여주어야 한다. 열정과 진정성이 잘 전달될 때, 심사위원들의 눈빛은 변한다. 발표자의 열정에 물들면 꼭 필요한 주옥같은 피드백을 받을 수 있다. 심사 결과가 어떠하든지 내 꿈을 응원해주는 그 마음에 큰 용기를 얻게 될 것이다.

PPT 작성법

❶ 첫 장에 승부를 걸어라. 비주얼과 디자인도 중요하다. 한 장에 왜 이 일을 하는지 모든 걸 담아 보여줘라.

❷ 기획 방향과 사업 목표를 적는다.

❸ 콘셉트 및 성과 목표를 개요와 전략도, 구체적인 숫자로 표현하라.

❹ 세부 실행 계획에는 프로그램과 추진 일정, 인력을 적어라.

❺ 소요 예산과 함께 기대 효과에는 구체적인 산출 내역을 예상하여 시각화하라.

언제나 세 가지 키워드를 잊지 말라.
: 흥미, 논리, 감성

실제 수익 내기

좋은 콘텐츠는 기본이다

나는 어떤 방송을 하면 좋을까? 유튜브에 수많은 콘텐츠가 쏟아져 나오지만, 힌트는 내 안에 있다. 더 직접적으로 말하면, 내가 살아온 삶. 그것이 바로 진짜 콘텐츠다. 유튜브는 삶을 담아내는 엄청난 플랫폼이다.

아무리 말을 잘하고, 편집을 현란하게 하더라도 삶이 뒷받침되지 않으면 콘텐츠는 빛을 발하기 힘들다. 가장 큰 후광은 나의 '삶' 자체이다.

구독자가 천만 명이 되는 미국 최고의 유튜버 케이시 니스탯(Casey Neistat)은 영상 편집의 천재다. 그의 영상 중 'snowboarding with the nypd'는 약 2,000만 조회 수를 기록했다. 폭설이 내리는 겨울에 스노보드를 타고 뉴욕 거리를 달리는 모습을 다각도로 담았다. '뉴욕 ~ 뉴욕~' 음악이 흐르고, 스노보드를 타고 달리는 기분이란! 경찰차가 사이렌을 울리며 경고를 주지만, 그마저 로맨틱하게 들린다.

그의 영상은 매번 틀을 깨고, 도전적이며, 창의적이다. 볼 때마다 그가 가진 어마어마한 영상 자료들에 놀란다.

또 그의 삶은 얼마나 눈물겨운지! 그는 고교 시절 여자친구와의 사이에 아이가 생겼고, 여자친구는 떠나버렸다. 그는 고등학교 졸업도 포기하고, 싱글 대디로 아이를 키웠다.

그가 할 수 있었던 일은 아들이 자라는 모습을 하나하나 영상에 담아내는 것뿐이었다. 밥벌이가 간절하게 필요했던 그는 영상 촬영 아르바이트를 시작했고, 나중에 프로덕션을 차렸다. 그러다 나이키 광고를 맡았는데, 그야말로 대박을 치는 영상을 제작했다.

그가 홀로 키운 아들의 고교 졸업식을 찍은 영상을 보면 눈물이 난다. 영상에서 그는 이렇게 말한다. "그동안 많은 일을 했고, 세월이 흘렀지만, 내 인생에서 가장 잘한 일은 너를 키운 일이고, 너를 고등학교에 졸업시킨 거야."

그의 카메라에는 아들을 사랑하는 마음이 담겨 있는 것 같다. 그의 영상에는 삶을 바라보는 따뜻한 시선, 정의, 도전, 삶에 대한 강한 에너지가 뿜어져 나온다.

지금은 사랑하는 여자와 결혼해서 두 아이를 낳고, 다섯 가족이 행복하게 살고 있다. 그는 그 모든 과정을 공개했고, 그럴 때마다 어떤 심정이었는지 영상 기록으로 남겼다. 그의 영상을 보면 그의 삶이 보인다.

●

유튜브 광고 수익으로 월세 받기

우선은 사람들이 정말 궁금해하고 재밌어 할 내용으로 10분 이상의 콘텐츠를 제작하는 것이 중요하다.

광고를 붙이려면 자격 조건은 매우 까다롭다. 구독자가 1,000명 이상이어야 하며 시청 시간이 4,000시간이 넘어야 광고를 넣을 자격이 생긴다. 수익 창출을 하겠다고 신청하면, 그때 유튜브에서는 심사 과정을 거친다.

구독자와 시청 시간이 기준보다 많다고 해도 심사는 반려될 수 있다. 채널에서 콘텐츠 규율을 지키지 않았다든가 저작권 조항을 2번 이상 어겨도 채널 수준이 낮게 평가되기 때문이다.

앞에서 이야기했듯 실제로 맘스라디오는 채널이 3개인데, 그중 하나가 오디오 콘텐츠만 올려놓은 것이다. 그 오디오 콘텐츠는 자비를 들여 로고송을 제작했다. 그런데 그것이 가수의 저작권으로 인식되어 저작권을 어긴 채널로 찍혔다.

메일로 상황을 해명해서 저작권 위반에서 풀려났지만, 유튜브를 감시·관리하는 AI 로봇에게는 통하지 않을 때도 있다. 저작권 위반 채널로 인식되어서 여러 번 수익 창출을 신청하였지만 거절당했다.

유튜브로 돈 버는 팁

구글애드센스 가입하기

유튜브 광고 수익은 어떻게 내 계좌로 입금될까? 먼저 구글애드센스를 열자. 바로 미국 아주머니가 환한 미소로 맞이해줄 것이다. 구글애드센스에 가입하여 주소와 수익금을 지급받을 은행과 은행 코드를 입력하라.

코드를 입력하면 그때부터 광고료가 얼마나 들어오는지 볼 수 있다. 그러나 더불어 실망할지 모른다. 1원, 2원씩 쌓이는데 그 금액이 입금되려면 10만 원이 넘어야 한다. 10만 원이 되기까지 또 얼마나 많은 시간이 필요한지 모른다. 달러와 원화 표시가 동시에 되어 있으니 꼼꼼히 체크하자.

핫한 영상 만들기

눈이든 귀든 둘 중 하나는 사로잡아야 한다.

먹방 : 눈(먹는 게 신기하다. 보기만 해도 행복하다.)

체험 : OO 해봤더니…… 경험 영상(보기만 해도 신기하다.)

먹어보기, 가 보기, 살아보기 등(단, 촬영과 편집의 호흡이 잘 맞아야 한다.)

ASMR : 상상력을 자극하는 소리 영상(소리만 들어도 보이는 것 같다.)

BGM : 영화음악을 들으면 영화의 장면이 펼쳐지지 않는가? 사운드가 영상의 반이라고 할 정도로 음악의 역할은 크다. 그런데 기본적인 음성 편집도 안 되어서 사람의 목소리가 작게 들린다든가, 음향만 크다든가 하는 실수를 범할 때가 많다. 사람들은 전문가들의 영상에 익숙해서 음향이 약하거나 심심하면, 바로 재생을 멈추게 되어 있다. 아무리 꿀팁을 담아 정성껏 만든 영상이라고 할지라도 말이다.

저작권 없는 음악 사용하는 팁

유튜브에 Nocopyright Music이라는 채널을 활용하기 바란다. 유튜브는 저작권 위반을 인공지능 로봇이 바로 찾아내기에 저작권 등록이 되어 있는 음악을 올릴 경우 바로 경고 메일이 오고, 창출한 수익을 음악 저작권자와 반으로 나누기도 한다.

맘스라디오의 오디오 채널은 직접 의뢰하여 만든 로고송인데도 불구하고 가수가 저작권을 등록하는 바람에 채널 자체가 수익 창출을 할 수 없게 반려되곤 했다.

몇 번 해명의 메일을 보냈지만, 유튜브 자체 데이터로는 저품질 채널로 인식되었는지 복구가 힘들었다. 아쉬웠지만, 한편으론 그런 깐깐한 유튜브에 더 신뢰가 간다. 베끼기와 아이디어 복제가 심한 경쟁 상황에서 그런 엄밀한 저작권 보호는 크리에이터를 존중하고 저작권으로 수익을 창출할 수 있게 해주기 때문이다.

내가 나온 영상, 혹은 좋아하는 영상,
내 채널에 게시하는 방법

간혹 맘스라디오에서 방송된 내용을 개인 채널에 올려도 되느냐는 문의가 오기도 한다. 유튜브의 이런 깐깐한 저작권 관리를 알고 있는 나는 먼저 'NO'라고 말한다. 그리고 더 좋은 방법을 안내한다. 다른 채널에 출연했지만, 나의 채널에 올리고 싶은 경우는 아래와 같이 하면, 메인 화면에 멋지게 전시할 수 있다.

❶ 로그인 → 크리에이터 화면에 들어간다.
❷ 동영상 수정 → 재생 목록 → 새 재생 목록을 설정한다.
❸ 새 재생 목록의 제목을 넣어 만든다.
❹ 다시 내 채널에 들어가 채널 맞춤 설정을 클릭한다.
❺ 메인 화면 제일 밑에 + 카테고리 추가
　_ 단일 재생 목록 _ (새로 만든) 재생 목록 추가
　(새로운 재생 목록에 넣고 싶은 영상마다 재생 목록을 설정한다.)

타 채널에 출연한 영상 콘텐츠를 그대로 내 채널에 링크 게시할 수 있어서 채널의 포트폴리오가 다양해진다.

만약 구독자 수와 시청 시간이 조건에 맞고, 콘텐츠 규율과 저작권을 잘 지켰다면 구글에서 광고 수익 창출을 승인해준다. 그러면 구글 애드센스에 등록할 수 있는 PIN 번호가 적힌 엽서가 입력한 주소로 배달된다.

유튜브 수익은 안내가 필요하다

아무리 콘텐츠가 좋아도 처음부터 수익을 낼 수는 없다. 대부분 1년 이상 매일 꾸준히 영상을 올리는 수순을 밟는다. 기적처럼 빠르면 3개월 만에도 수익을 받지만, 대부분 1년 이상 기다려야 한다. 처음부터 수익을 얻는다는 목표는 욕심이고 자만이다. 이런저런 영상을 올리면서 사람들의 반응을 보며 조율해야 한다.

동시에 기술을 익혀야 한다. 처음엔 스마트폰을 사용하는 편이 좋다. 그러다가 점점 장비를 하나씩 사용해본다. 시청자를 편하게 하기 위해서 내 콘텐츠의 질을 높이고 싶은 마음이 저절로 생길 것이다.

맘스라디오 같은 경우, 초기 1년간 촬영 편집 장비와 인건비에 쏟는 예산만 한 해 1억 원이 넘었다. 물론 광고 수익은 그의 100분의 1도 안 되었다. 그래서 대부분 외주 용역으로 운영비를 충당했다.

그럼에도 유튜브 비즈니스는 매력적이다. 유튜브는 우리 회사에서 제일 발이 넓은 영업사원이기 때문이다.

구글애드센스에 가입하고 나면 미국에서 포스트 카드를 보내준다.

거기에 적힌 PIN 번호를 입력하면 다음 달부터 수익금을 입금해준다. 먼저 메일로 지급 영수증을 받는다. 입력해놓은 은행으로 돈이 지급되었다는 영수증이다. 그 후 1~2일 안에 은행에서 환전하여 입금해준다. 사업자의 경우, 외국환 거래 계약서를 받아 세무서에 제출하면 된다.

맘스라디오는 2년 동안 유튜브를 운영했으며, 현재 구독자 4만 명에 유튜브 광고 수익은 월 100만 원가량 나온다. 그 외에 메일로 들어오는 광고 협찬, 리뷰 수익으로 맘스라디오는 운영되고 있다.

유튜브 크리에이터 어플을 깔아놓으면 48시간 이내, 내 채널을 몇 명이 조회하고, 시청했는지, 실시간 수익은 얼마나 되는지 바로 확인할 수 있다.

맘스라디오 영상들은 올리자마자 조회 수가 올라가기보다는 지속적으로 늘어나는 편이다. 꾸준히 상승세를 기록하며 현재 많게는 80만회, 적게는 200회 조회 수를 기록하고 있다. 처음엔 미비했다가 출연한 사람이 유명세를 타거나 이슈가 되면 갑자기 조회 수가 늘어가는 경우가 종종 있었다.

그런데 조회 수가 많아도 영상의 길이가 짧으면, 광고료가 클릭당 1원 수준이기에 이왕이면 10분 이상의 영상을 제작하는 것이 좋다.

그리고 중요한 건 '공유'다. 사람들에게 도움이 되고, 유익하다면 누군가가 다른 플랫폼에 올리거나 공유를 한다. 한번 콘텐츠가 공유되기 시작하면 조회 수는 급증한다. 그렇기 때문에 하나의 콘텐츠를 만들더라도 상대방의 입장에서 정말 도움이 되는지 고민하고 또 고민해서 만들자.

내가 만들고자 하는 콘텐츠는 나를 위한 것인가, 다른 사람을 위한 것인가? 구독자들은 가장 빨리 알아챈다.

실제로 유튜브 크리에이티브 채널을 분석해보았더니, '나 중심'의 콘텐츠를 올린 날에 구독자 취소가 10명 정도 나왔다. 그것을 보고 충격을 받았다. Vlog라든지, '나 OO도 했어요'같은 조금이라도 자기중심적인 콘텐츠를 올리면 바로 구독 취소 버튼을 누르고 나간다. 정말 냉. 정. 하. 다!

반면에 좋은 정보라든지, 꿀팁, 특히 돈 버는 법, 부자 되는 법 등을 말해주면 구독자 수가 유독 증가한다. 한번 조회해보면 사람들에게 도움이 되는 것, 호기심, 유익함, 재미를 채워주는 것에 구독과 좋아요의 개수가 많다.

그러나 이렇게 순서대로 척척 진행된다면 얼마나 좋을까? 실제 첫 수익이 나기까지 우리는 얼마나 시간이 걸린 줄 아는가? 힘든 이야기지만, 여기까지 오는 경우는 유튜버 중 10%도 안 된다.

유튜브, 구글 계정 아이디와 패스워드를 잃어버려 인증하는 데서 포기하는 사람이 반, 영상을 찍어서 올리는 데 시간이 걸려서 포기하는 사람이 반, 구독자 수가 늘 한두 자릿수여서 올리다 만 사람이 반, 구독자 수가 1,000명이 안 되는 사람이 또 반 이상, 1,000명이 되었는데, 시청 시간이 4,000시간이 안 되서 포기하는 사람이 또 반 이상······.

'유튜브 해서 돈이나 벌어볼까?' 하는 목표를 가졌다면, 2~3년의 시간과 아이디어, 돈까지 투자할 각오를 단단히 하라고 말하고 싶다.

365일 1일 1영상을 올릴 각오를 하고 덤벼들어도 될까 말까 한 것이
'유튜브로 돈 벌기'의 현실이다.

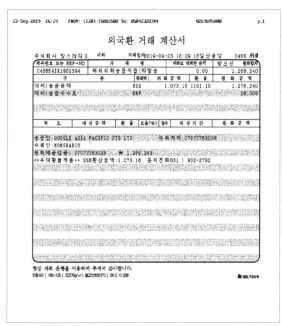

첫 수익이 났을 때의 입금 영수증

유튜브로 확장 가능한 수익 모델

유튜브의 확장 수익 모델은 무궁무진하다. 그중 하나의 가지만 잘
잡아도 수익이 된다. 맘스라디오는 콘텐츠 제작 기업으로 기업의 신
제품 소개 및 리뷰도 담당하고 있다.

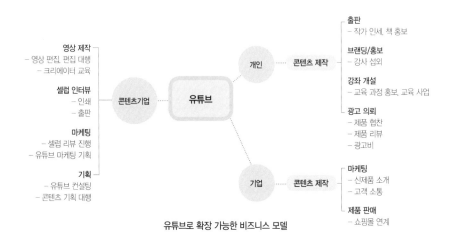

영상 제작
– 영상 편집, 편집 대행
– 크리에이터 교육

셀럽 인터뷰
– 인쇄
– 출판

마케팅
– 셀럽 리뷰 진행
– 유튜브 마케팅 기획

기획
– 유튜브 컨설팅
– 콘텐츠 기획 대행

콘텐츠기업

유튜브

개인

콘텐츠 제작

출판
– 작가 인세, 책 홍보

브랜딩/홍보
– 강사 섭외

강좌 개설
– 교육 과정 홍보, 교육 사업

광고 의뢰
– 제품 협찬
– 제품 리뷰
– 광고비

기업

콘텐츠 제작

마케팅
– 신제품 소개
– 고객 소통

제품 판매
– 쇼핑몰 연계

유튜브로 확장 가능한 비즈니스 모델

엄마들에게 소개하고 싶은 좋은 제품이라는 생각이 들면, 그 제품을 사용해보고, 콘텐츠 내용을 기획·촬영·편집하는 과정을 거친다. 어떤 상황을 보여줄 것인가? 누가 소개할 것인가? 엄마들이 공감하기 쉬운 상황, 이해하기 쉬운 내용을 설정하여 촬영하고 편집하는 데 많은 공을 들인다.

맘 크리에이터가 있어서 실제 상황에서 사용해보고 리뷰 영상을 찍어서 보내주면, 맘스라디오에서 편집해주는 형식도 활용한다. 엄마들이 아이를 키우면서 실제 리뷰를 해주기 때문에 더 설득력 있고, 자연스러운 바이럴 마케팅이 된다.

요즘은 출판사에서도 연락이 많이 오는데, 책을 낸 저자들이 엄마들에게 홍보하기 위해 유튜버의 문을 두드린다. 저자들은 예전에는 출연료를 받으며 출연했지만, 이제는 오히려 유튜브 채널에 출연료를 내야 방송을 할 수 있다. 이것에 대해 출연자와 예민했던 적도 적지 않다.

사실 홍보가 필요한 쪽은 출연자이다. 물론 유튜버들도 좋은 콘텐츠가 필요하지만, 유튜브에 소개되어 책 판매가 늘 수 있다면 출연자도 사고의 전환이 필요하다. 자신을 위해 영상을 기획해주고, 촬영·편집·제작해주므로 이제 출연자가 그 수고비를 유튜버에게 지급하는 방향으로 가고 있다.

과거: 출연자 ←——— 방송 채널 출연료
현재: 출연자 ———→ 유튜브 채널(홍보, 판매 수익)

그 외에도 기업의 유튜브 채널 운영 대행도 우리의 주요 수익 중 하나이다. 유튜브 채널 운영은 많은 전략과 기술이 들어가기에 전문 운영 회사에게 맡기는 것도 좋은 방법이다. 콘텐츠를 매일 생산하고, 사람들과 소통할 수 있는 채널로 운영하는 일은 우리의 주 수입 중 하나이다.

꾸준히 인기 있는
유튜버 되기

채용은 최대한 늦추자

처음에 나도 영상 및 편집을 할 수 있는 사람이 필요했다. 하지만 누군가를 고용해본 적이 없어, 프로가 아닌 재능이 있는 엄마들에게 비용을 지불하며 운영해나갔다. 매일 일하는 것도 아니고 자신의 프로그램을 만드는 것이었기에, 그때는 나름대로 서로 순수하게 일했다.

나는 누군가에게 자원봉사 개념으로 일을 시킨 적이 없다. 일용직 형태로 비용을 지불했다. 그래야 오래가고, 서로 시비가 없을 거라고 생각해서다. 오히려 그냥 자원봉사로 일하고 싶은 사람들을 받아주지 않았다. 일단은 내가 책임을 질 수 있는 상황이 아니었고, 자원봉사라고 하더라도 결국은 대가를 주어야 하기 때문이었다.

그즈음에 한 출판사에서 원고 의뢰가 왔고, 나는 그 인세와 틈틈이 들어오는 방송 구성 아르바이트, 그리고 남편에게 받는 용돈으로 내가 필요한 자금을 마련해나갔다.

초창기에는 함께하는 사람, 지원군이 있으면 든든하다. 하지만 돈은 없는데 일손이 부족한 상황이라서 친한 사람, 알던 사람과 함께하면 오히려 좋지 않게 헤어지는 수가 많다.

'좋은 게 좋은 거다.'라는 생각은 정말 위험하다. 아무리 좋은 관계라도 '이익'이라는 부분에 맞닥뜨리면, 관계는 순식간에 깨진다.

나는 이 부분에 정말 약했다. 좋은 게 좋은 거고, 내가 손해 보는 게 마음이 편했다. 상대방의 부족함도 내가 채워가면서 함께 성장하면 좋다고 생각했다. 그러나 현실은 냉정했다.

서로가 원하는 것을 서면에 적고, 시간에 따른 임금, 정해진 시간 내에 해야 하는 역할 등을 근로계약서에 명시해도 그대로 진행되지 않는 경우가 많다. 채용에 관해서라면 한번 인연이 되면 그의 인생을 책임져야 할 수도 있다. 그런 면에서 채용은 늦게 할수록 좋다고 생각한다.

한 CEO의 글이 기억난다. 채용은 그 사람 뒤에 만 명이 있다는 생각으로 성급하지 않게, 까다롭게 진행해야 한다고. 관계는 따뜻한 마음으로 하되, 사업은 냉철한 머리로 해야 한다. 그런 면에서 나는 지금도 한창 배워가고 있다.

모바일에서 내 채널을 관리하는 법

❶ 구글플레이에서 크리에이터 스튜디오 앱을 다운받는다.

❷ 구글 계정 로그인으로 채널을 관리한다. 실시간으로 조회 수와 수익, 댓글을 확인할 수 있다.

전문가 인력풀을 이용하라

부자일수록 업무를 사람들에게 분담하고, 자신은 더 가치 있는 일을 하며 재화를 생산해낸다. 일을 나누어야 할 때는 처음부터 채용하는 것보다는 외주 용역을 활용하는 편이 좋다. 그 이유는 다양한 사람을 만날 수 있고, 어떻게 일을 줘야 하는지 배울 수 있기 때문이다. 나는 손쉽게 온라인 전문가 인력 풀 사이트를 활용한다.

저렴한 비용으로 원하는 일을 해줄 수 있는 업체나 프리랜서들이 수없이 많다. 일을 하나씩 맡겨서 진행해보면, 일이 진행되는 과정도 배울 수 있고, 업무 환경 및 복지 등에 신경 쓰지 않아도 맡긴 일을 기한 내에 받아볼 수 있다. 그러면서 지속적으로 함께할 수 있는 파트너를 만들어 가면 좋다.

방송작가를 오래해서 영상 구성은 직접 할 수 있다. 편집 자체도 어려운 일은 아니어서 내가 해도 무방하다. 그러나 편집 작업은 시간이 오래 걸리며, 그에 따른 부가적인 일이 많다. 그래서 꼭 채용해야 한다면 영상 편집 기술자를 하겠다고 판단했다.

내가 방송 구성력이 있기 때문에 성실하게 편집 작업을 해줄 사람을 찾고 싶었다. 공개 채용 대신에 영상기술전문학교에 연락했다. 그랬더니 학교에서 너무 좋아하면서 선생님들이 직접 인재를 추천해주었다.

면접 시에는 취업 담당 선생님도 함께 참석하여 학생의 좋은 점을 어필하면서 질문과 답을 해주었다. 그 사람이 속해 있던 조직의 리더가 직접 추천해주니 더 신뢰가 갔다. 나는 한 학생을 면접과 편집 기술 테스트를 거친 후 인턴 기간을 두고 채용했다. 청년으로서 첫 취업이기에 청년내일채움공제라는 지원 사업을 신청했다. 그는 2년 이상 맘스라디오에 재직하면 2,000만 원이라는 취업 장려금을 받게 된다.

아직은 스타트업이라 상여금이나 보너스는 챙겨주지 못하지만, 대신에 정부 지원금을 알아보았다. 현재는 일자리안정자금이나 청년내일채움공제, 근로자복지휴가지원금 등을 신청하여 직원에게 복지와 급여를 챙겨주는 데 많은 도움을 받고 있다.

●

육아의 외주화, 할까 말까

요즘은 육아의 외주화라는 말이 있을 정도로 비용을 들여 아이를 맡기는 엄마들이 많다. 조기 교육 때문에도 그렇고, 육아에 소질이 없다면 차라리 외주를 주는 게 현명할 수도 있다.

하지만 인생은 케바케! 자신의 성향을 파악하여 자기만의 노선을 따라가면 된다. 나는 다른 건 외주를 줘도 육아만큼은 내 손으로 하고 싶었다. 그 덕분(?!)에 일하다 말고 매일 아이 하원 때문에 뛰어가고, 출근도 일찍 하지 못한다. 그래도 아이와의 시간이 나에게는 황금 같다.

"빨리! 빨리! 얼른 옷 입어야지!"

이렇게 서두르며 후회되는 말도 하고, '등원이나 하원 중 누가 하나만 도와줬으면 좋겠다…….' 같은 생각도 들지만 누군가에게 아이를 맡기고 싶지 않다. 정말 바쁠 때는 친정 엄마가 하원을 해주기도 하고, 최근에는 엄마들과 품앗이로 돌아가며 다른 집 아이와 함께 하원시켜서 저녁을 먹이며 돌보고 있다.

나는 아이 교육에 관심이 많아서 일찍 한글을 가르쳤다. 차분한 모범생 기질인 아이의 성향에 맞춰 5세에 한글 낱말 카드를 꾸준히 노출하였는데 한 달 정도 되니 기본 낱말을 읽기 시작했고, 그 후에는 스스로 받침 있는 문장까지 읽어 내려갔다. 그러더니 한 달 만에 동화책을 읽기 시작했다. 감사한 일이다. 일찍 한글을 떼니 숙제를 미리 한 기분이다.

방문 선생님을 신청하지 않아도 되고, 아이와 스트레스 받을 필요가 없다. 아이가 외동이기에 나는 아이 스스로 책을 읽거나 미로 찾기, 지능개발 학습지를 할 수 있게 하고 싶었다.

어릴 때부터 여기저기 배우러 보내는 것은 반대지만, 집에서 엄마가 자연스럽게 놀이 학습을 해주면, 함께 시간도 보내고, 성취감도 맛볼 수 있어 좋은 것 같다. 매번 놀아주기는 한계가 있어서 대신에 책을 읽거나 재밌는 게임을 풀면서 아이와 시간을 보내고 있다.

하루 4시간 업무 사이클 만들기

요즘 나의 하루 일과는 이렇다. 아이 등원시키고 출근하면 10시다. 4~5시간 일하고 다시 4시 반쯤 퇴근하여 아이를 하원시켜 저녁을 먹고, 시간을 보낸다.

짧은 시간 동안 효율적으로 업무를 보기 위해서 나는 손품(?)을 많이 팔았다. 어떻게 하면 클릭 한 번으로 업무를 정리하고, 시스템화할 수 있을까? 고민하고 또 고민했다.

요즘에는 1인 창업가를 위한 좋은 서비스들이 온라인에 많기 때문에 그것을 잘 활용할 수 있다. 비서나 행정 업무, 경리 업무도 IT와 결합된 세무사와 계약하여 쉽게 해결했다. 은행과 홈택스가 연동되어 있어서 한눈에 자금의 흐름을 볼 수 있다. 또 세금계산서 발행이라든지 거래처에 필요한 서류를 보내는 것도 클릭 한 번으로 이루어지므로 어디서든 계산서를 발행할 수 있다.

법률 서비스도 IT 시스템이 잘 갖춰진 법무법인을 이용한다. 복잡하게 서류를 들고 왔다 갔다 할 필요 없이 전자 등기로 필요한 업무를 간단하게 해결하면 비용도 훨씬 절감된다.

그 외에도 계약서를 주고받을 시, 전자 사인이지만 법적 효력을 주는 플랫폼을 이용하고 있다. 대략 이 정도면 업무에 필요한 기본 시스템은 다 갖추어 놓았다고 할 수 있다.

제안이 들어오면, 계약을 진행하고, 세금계산서를 발행하고, 세금을 신고하는 일련의 업무가 IT 시스템으로 편리하게 되어 있다. 나는 그것을 손에 익혔기 때문에 재무팀, 법무팀, 세무회계팀, 이 세 팀을 손가락으로 운영하는 셈이다.

사실 직장에 출근하면 사람들과 대화하고, 신경 쓰느라 더 많은 시간을 보내지 않는가?

가사는 어떤가. 일단 나는 요리에 대한 의무감을 내려놓았다. 아침은 간단하게 누룽지, 점심은 각자 회사와 유치원에서 해결, 저녁은 그때그때 냉장고에 있는 음식으로 간단하게 먹는다. 대신 주말에 한 끼는 샤브샤브 요리라든가, 삼겹살 파티로 가족이 둘러앉아 풍성하게 먹는다.

가사 일에 대한 의무감을 내려놓으면 생각보다 많은 일을 할 수 있다. 물론 더럽고 지저분한 건 너무 싫다. 가사 일이야말로 외주를 줘야 할 일 순위라고 생각한다. 그래서 나는 기계에 외주를 주고 있다.

무선청소기, 로봇청소기, 물걸레 청소기, 식기세척기, 세탁기, 세탁건조기, 음식물 처리기 등을 활용하여 집안일을 최소화했다. 물론 그래도 할 일은 많다. 잡지에서 나오는 깨끗한 장소에서 생활하고 싶은 욕망은 가끔씩 호캉스로 풀며 지낸다.

> 워킹 맘은 늘 육아와 일을 함께하며
> 시간의 줄타기를 하고 있다.
> 두 가지 다 누리기 위해서는
> 포기해야 얻는 것이 있다.

엄마들도 남이 해주는 밥, 남이 청소해주는 곳에서 아무것도 신경 쓰지 않고, 하루를 보낼 자격이 있다.

아무리 좋은 제안이라 해도 나의 시간, 나의 삶, 가족과의 시간을 희생하고 해야 한다면 고심해보고, 사양하자.

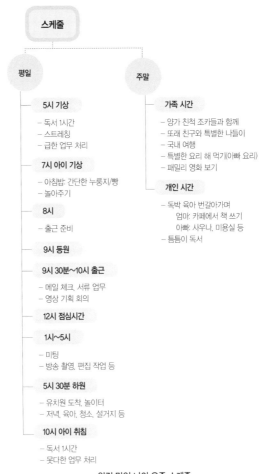

스케줄

평일

- **5시 기상**
  - 독서 1시간
  - 스트레칭
  - 급한 업무 처리
- **7시 아이 기상**
  - 아침밥: 간단한 누룽지/빵
  - 놀아주기
- **8시**
  - 출근 준비
- **9시 등원**
- **9시 30분~10시 출근**
  - 메일 체크, 서류 업무
  - 영상 기획 회의
- **12시 점심시간**
- **1시~5시**
  - 미팅
  - 방송 촬영, 편집 작업 등
- **5시 30분 하원**
  - 유치원 도착, 놀이터
  - 저녁, 육아, 청소, 설거지 등
- **10시 아이 취침**
  - 독서 1시간
  - 못다한 업무 처리

주말

- **가족 시간**
  - 양가 친척 조카들과 함께
  - 또래 친구와 특별한 나들이
  - 국내 여행
  - 특별한 요리 해 먹기(아빠 요리)
  - 패밀리 영화 보기
- **개인 시간**
  - 독박 육아 번갈아가며
    - 엄마: 카페에서 책 쓰기
    - 아빠: 사우나, 미용실 등
  - 틈틈이 독서

워킹 맘인 나의 요즘 스케줄

차라리 적은 수익일지라도 나만의 콘텐츠 빌딩에서 나오는 수익에 벽돌 한 장을 더 쌓는 게 낫다.

화장은 스피드 메이크업을 애용하며, 의상은 중요한 일이 있을 때마다 대여 서비스를 이용한다. 중고 명품 옷 대여 서비스를 신청하면 월 5~6만 원에 옷 2벌에서 4벌을 집 앞까지 배달해주고, 다시 가져간다. 세탁도 필요 없이 반송 신청하면 끝이다!

●

일상을 잘 누려야 새로운 콘텐츠가 나온다

'일상을 잘 누려야 새로운 콘텐츠가 나온다.'

이것은 내 인생의 모토다. 매일의 삶이 행복해야 원하는 것을 얻고, 꿈을 이룰 수 있다. 나는 항상 웃고 있어서 사람들에게 '저 사람은 힘들지 않을 거야.'라는 오해를 사곤 한다.

하지만 그런 사람이 어디 있겠는가? 나는 행복하려고 노력하는 사람이다. 행복도 연습이 필요하다. 힘들고 고된 시간을 보내다가 원하는 것이 이루어졌다고, 로또에 당첨이 됐다고 갑자기 행복해질까?

그 순간은 기쁘고 행복할 수 있지만 그 감정은 오래가지 않을 것이다. 고되고 힘든 상황에서도 행복한 감정을 연습할 때, 원하는 것이 이루어질 때, 행복함이 오래 지속되리라 믿는다.

나는 감사하는 마음이 행복으로 가는 열쇠라고 생각한다. 아이를 키우고, 살림하고, 이리저리 뛰어다니는데 잔고가 비었다는 알림이 올

때, 손해 보지 않으려고 안간힘을 쓰는 관계에 피로감이 거저 갈 때, 그때에도 창밖의 석양이 아름다워 보인다면, 그래도 이만한 게 다행이라고 생각한다면 행복한 사람이 아닐까.

행복은 그렇게 광야에서 '겨우 피어난 꽃 한 송이'를 발견하는 일 같다. 나는 컵에 물이 반밖에 안 담긴 게 아니라 "반이나 담겨 있네!"라고 말할 수 있는 생각의 근육을 기르고 있다.

SNS 채널을 보면 누군가는 우울하다고 하지만, 나는 그렇지 않다. 나에게 SNS 채널은 행복을 연습하고 기록하는 공간이다. 바쁘고, 무의미한 시간 속에서 재밌는 순간, 기쁨을 주는 꽃 한 송이를 담아 두는 곳이기 때문이다.

그날의 사진을 보면서 감사하고, 다시 기쁨의 에너지를 느낄 수 있다. 인생은 다 비슷하다. 거기서 거기다. 다만 그것을 어떻게 느끼고, 어떻게 기쁨의 꽃 한 송이를 발견하며 사는지에 따라 인생의 빛깔이 달라지는 것이 아닐까?

행복을 연습하면 정말 행복해진다. 하원 후에 놀이터에서 아이가 친구들과 노는 동안, 육아 동지인 엄마들과 수다 떠는 시간도 행복하다. 푸른 하늘 아래 아이들의 깔깔거리는 소리를 들으며 육아 동지들을 만나 한바탕 수다를 떨면 깊은 감사함이 밀려온다.

예전에 주변에서 '엄마들과 친하게 지내면 좋지 않다. 골치 아프다.'라는 조언을 해주었다. 자연스럽게 엄마들 모임에 나가지 않았고, 가까이 지내지 않았다.

그런데 놀이터에서 아이들이 놀고 있는 모습을 보다가 조금씩 엄마들과 마음을 열고 친해졌다. 그들은 아이를 남과 비교하지 않고, 소탈하지만 서로의 바운더리를 지켜줄 줄 아는 엄마들이었다. 오늘은 어디서 아이들과 즐거운 시간을 보낼지 고민하며, 즐거운 추억과 행복한 일상을 만들어가고 있었다.

이제는 엄마들 모임에서도 재밌는 콘텐츠가 만들어진다. 머리 아프게 고민하면서 장소를 섭외하고, 콘텐츠를 구상할 필요가 없다. 일상이 콘텐츠다.

맘스라디오에 홍보나 협찬 의뢰가 들어올 때, 엄마들 모임에 가서 제품을 자연스럽게 노출한다.

> 좋은 인생 트랙이란
> 그 위에 있을 때 행복을 느끼고
> 생각이 즐거움과 만족으로 가득 차는 그런 곳이다.
> -《리얼리티 트랜서핑》중

롤러스케이트장에서 구독자 4만 명 기념 이벤트.

그러면 엄마들이 진짜 반응을 보이고, 거기에서 좋은 아이디어를 얻을 수 있다. 인위적이지 않은 순수 바이럴 마케팅이 이런 방식이 아닐까? 일상도 누리고, 콘텐츠도 만들고!(처음에 카메라를 꺼내면 피하던 엄마들이 이제는 촬영을 즐긴다. 항상 촬영에 협조해준 엄마들에게 감사한다.)

하루 1시간 나를 키우는 시간을 갖자

많은 엄마가 경력이 단절되는 순간, 재테크와 부동산으로 관심을 돌린다.

'어디에 투자를 해야 돈을 많이 벌 수 있을까?'

실제로 재테크와 부동산에 관심이 많고, 투자하는 엄마들도 많이 봤다. 나 역시 사업을 하다 보니, 돈 공부, 재테크 공부는 필수다. 그런데 투자 중에는 '나에게 하는 투자'가 가장 중요하지 않을까? 집값이 올라가는 것도 좋지만, 내 몸값이 올라가는 게 훨씬 낫다.

아파트, 주택, 상가, 땅은 언젠가는 팔거나 영원히 나의 것이 될 수 없다. 그러나 나 자신은 그보다 더 가치 있을 뿐 아니라 걸어 다니는 수익 창출, 기회 창출의 주체이다.

2015년 영화 〈조이〉에서 조이 망가노는 싱글 맘으로 아이 셋을 키워야 했다. 상황은 점점 더 악화되어 경제적 어려움 끝에 파산을 신청하고, 자신이 발명한 제품의 특허까지 빼앗겼다. 가족은 한 목소리로 이제 그만 포기하라고 말했다.

"그냥 조용히 살아라. 너는 능력이 없는 사람인데 괜한 기대를 했나 보다."

그러나 그녀는 포기하지 않고, 정면 돌파하기로 결정했다. 자신의 발명 특허를 통째로 집어삼키려고 했던 사기꾼을 찾아가서 당당하고, 똑똑하게 말했다. 그와 협상에 성공하여 돌아서서 나오는데, 이런 내레이션이 나왔다.

'그녀는 몰랐다. 자신이 언젠가 상상하지 못할 큰 저택에 살게 될 것이며 성공한 미래가 있다는 것을!'

그녀는 어린 시절, 자신이 만든 작품을 바라보며 이런 말을 했다.

'이건 아주 특별한 능력이야! 아주 특별한 힘! 나는 나만의 집을 지어 세상 모두가 좋아할 아주 멋진 물건을 만들 거야.'

나는 미국 홈쇼핑계의 성공한 CEO 조이 망가노의 실제 삶의 이야기를 보며 자극을 많이 받았다. 포기할 이유가 많음에도 불구하고,

그녀는 계속해서 도전하고 또 도전했다. 당신은 어디에 투자할 것인가?

한 번뿐인 인생, 다시 돌아오지 않는 이 시간을 위해 '나'에게 투자하자. 내 집 마련을 위한 투자와 아이를 위한 투자는 병행해야 하지만, 그것을 위해 '나'를 희생하지 말자. 적어도 20% 이상은 나를 위해 투자하자. 이는 다른 투자보다 훨씬 값진 투자이며, 위험 부담도 없다.

먼저 자신에게 시간을 투자하자. 틈틈이 시간을 내어 책을 읽고, 세미나 교육이 있으면 온라인, 오프라인 가리지 말고 꾸준히 공부하자. 좋은 모임에 나가고, 좋은 영향력을 주는 사람이 있다면 시간을 내어 만나러 가자. 나 자신을 성장시키고 개발할 수 있다면 그곳에 시간을 꾸준히 투자하자.

그리고 자신에게 돈을 투자하자. 한 달에 얼마씩 내가 성장할 수 있도록 나에게 투자하는 금액을 정해놓자. 관심 있는 분야의 신간 서적도 구매하고, 헤어스타일도 과감하게 바꿔보자. 프로필 사진을 찍어보는 건 어떨까? 메이크업도 전문가의 손을 빌려서 해보자.

아이 등원할 때 후드 티나 면 원피스를 입지 말고, 가끔씩 정장이나 오피스룩을 입고 혼자 시내 서점에 가는 건 어떨까?

> 젊음은 굉장한 것이지만,
> 자기다움은 더욱 멋진 것이다.
> – 베르니크 비엔느

나의 가치를 가장 잘 아는 사람은 '나 자신'뿐이다. 아이를 키우는 이 시간에 '나'도 잘 키워보자. 자식은 키워서 남 주지만, 나는 평생 데리고 살아야 한다. 포기하지 않고, 누군가 대신할 수 없는 기회를 찾는 엄마들을 통해 함께 꿈을 이루며, 선한 영향력과 부(富)가 가정과 사회에 넘치기를 기대한다.

① 온전한 나의 소득을 갖자

엄마들과의 모임에서 꽤 충격적인 이야기를 들었다. 공인인증서가 없는 엄마가 많단다. 이유는 기존의 인증서는 갱신하지 못했고, 남편이 주는 용돈을 받아서 쓰기 때문이라고 한다. 엄마들은 재테크나 인터넷을 통한 재정 관리보다는 매달 받는 용돈으로 살림하느라 빠듯해한다. 그래서 대부분 돈을 벌고 싶어 한다.

이에 관해서는 유튜브 채널을 운영하면서 느끼는 점이 많다. 콘텐츠에다가 '돈', '재테크', '수익' 이런 키워드를 붙이면 조회 수가 눈에 띄게 높아졌다. 엄마들은 아이를 잘 키우는 것도 중요하지만, 무엇보다 일을 하고 싶어 하며, 돈을 벌고 싶은 욕구가 굉장히 강하다.

아이를 키우면서도 자신감을 가지고 살려고 해도 남편의 월급을 타서 살다 보면 나 자신의 욕구는 저 멀리 던져 놔야 한다. 자유와 독립을 추구하는 한 인간으로서 내가 하고 싶은 걸 마음대로 하지 못하는 자체는 곤욕이다.

부자가 되는 건 설레고 흥분된다. 내가 하고 싶은 것을 할 수 있고, 내가 살고 싶은 곳에 살 수 있으며, 시간을 자유롭게 쓸 수 있기 때문이다.

아이를 키우면서도 화려한 경력으로 자신감을 가지고 살려면 나만의 지갑이 필요하다. 아이의 학자금, 미래 노후 자금 말고, 내가 하고 싶은 것을 하고, 나의 꿈을 이룰 수 있는 '내 지갑' 말이다.

사업을 하면서 초창기에 남편에게 돈을 빌린 적이 있다. 남편은 너무 걱정 말라며 돈을 빌려주었지만, 두 번 세 번이 되니 본인이 더 걱정하기 시작했다. 당연한 일이다!

이 일을 계속해야 하나? 좋은 뜻으로 시작한 일인데, 좋은 일도 자본이 있어야 지속하지, 뭔가에 홀린 듯 재미있고 의미 있는 일이라며 달려왔는데, 돈 때문에 더 나아갈 수 없는 상황에 부딪혔다.

사업을 지속할 수 있을지 고민할 무렵, 기적과 같이 창업 지원 혜택을 받았다.

그 지원금으로 사무실을 임대하고, 장비를 마련하고, 방송국을 세팅하는 데 요긴하게 썼다. 기적과 같은 일이었다. 주변에서 축하해주었고, 많이들 부러워했다. 어떻게 하면 지원을 받을 수 있냐고, 왜 그렇게 운이 좋으냐고…….

물론 그 돈이 창업에 도움이 많이 되었다. 그렇지만 지금은 이런 말을 꼭 먼저 하고 싶다.

"너무 감사하고, 기적 같은 일이지요. 그런데 다른 사람이 주는 지원금 1억 원보다, 내 손으로 10만 원 버는 게 더 귀하고 큰 수익이라는 것을 알았습니다."

나는 생각이 바뀌었다. 원래는 늘 이런 생각을 했다.

'나는 왜 부잣집으로 시집을 안 왔을까?', '우리 남편 월급은 왜 이렇게 적을까?', '나는 그동안 왜 돈을 모으지 못했을까?'

이제는 이런 고민을 한다.

'어떻게 하면, 내가 잘하는 것, 내가 할 수 있는 일을 수익으로 연결할 수 있을까?', '어떻게 하면 지속적으로 수익을 낼 수 있을까?'

처음부터 1억 원, 10억 원 대박을 꿈꾸면 힘들다. 다윗과 골리앗의 이야기처럼, 지금 나에게는 조약돌 5개뿐이지만, 이것을 어떻게 활용하면 탁월한 성과를 낼 수 있을지 꾸준히 연습해야 한다. 다윗은 한순간에 승리했지만, 승리하기까지 매일 일상에서 얼마나 무섭도록 연습했을까.

남이 주는 돈, 거저 생긴 돈은 달콤하다. 행운이다. 대박이다. 로또라고 한다. 그러나 나는 내 손으로 번 돈 1원이 더 가치 있다고 생각한다. 돈을 쥔 손이 금손이 아니라, 돈을 벌 수 있는 손이 금손이 아닐까?

내가 좋아하는 일, 할 수 있는 일로 단돈 1,000원을 벌었다면, 그다음은 십만 원, 백만 원으로 늘어날 수 있도록 꾸준하게, 무섭게 노력해보자.

나를 위한 생각
내가 좋아하는 일은 무엇인가?
내 손으로 돈을 번 경험은 무엇인가?
내가 잘할 수 있는 일은 무엇인가?

② 가야 할 곳엔 가자

북부창조경제혁신센터에서 '경력 단절에서 크리에이터로 살기'라는 주제로 3시간 동안 강의를 했다. 의정부라 일찌감치 아이를 유치원에 맡기고 부랴부랴 강연장으로 갔다.

강의를 막 시작하는데, 한 엄마가 두 살짜리 아이를 안고 들어왔다. 오자마자 카메라를 켜더니 강의 현장을 촬영하고, 아이에게 간식을 주면서 노트에 필기하고 초롱초롱한 눈빛으로 강의에 몰입했다.

그 엄마에게서 무한한 열정이 뿜어져 나왔다. 무엇보다도 이른 아침에 아이를 안고 이곳에 왔다는 데 감동했다.

강의가 끝나고 인사하고 가려는데, 그 엄마가 다가오더니 조심스럽게 말을 건넸다. 맘스라디오 팬인데, 강의가 있다고 해서 아이와 함께 왔다고 시간이 되면 같이 점심을 해도 되느냐고 물었다. 나는 흔쾌히 수락했고, 함께 점심을 먹으면서 많은 이야기를 나눴다.

그녀는 결혼 전 잡지사 에디터로 일했으며, 지금 아이를 키우면서 '엄마는 예쁘다'라는 유튜브 채널을 운영하고 있었다. 그녀는 유튜브 스타들의 강연이라든지, 세미나 모임에 열정적으로 참여하면서 자신을 성장시키고 있었다. 유튜브 영상의 편집 실력도 빠르게 늘고 있고, 점차 자신의 영역을 확장해가고 있었다.

4차 산업혁명 IT 시대인 만큼, 오프라인 모임이 예전만큼 흔하지 않다. 한번 세미나를 열어보면 모객이 힘들다는 사실을 알 수 있다. 사람들은 이제 온라인으로 모든 것을 해결하려고 하기 때문이다.

나도 오프라인 모임은 피곤하다는 생각에 웬만하면 온라인에서 소통하려고 한다. 하지만 꼭 가야 할 곳에는 간다. 예를 들어 내가 원하는 목표를 이룬 사람이 온다거나, 같은 목표를 향한 배움의 열정이 가득한 곳, 좋은 에너지가 모인 곳이 있다면 주저하지 않고 아이를 안고서라도 간다. 그 현장에 있다는 자체로도 목표를 향해서 한 발짝 나아가는 것이기 때문이다.

③ 삶을 바꿔줄 모임에 나간다

한국여성벤처협회를 통해 알게 된 어느 대표님이 이번에 중국과 우리나라의 투자를 받아 베트남에서 큰 수주를 했다. 그녀는 원래 건축 디자이너였다. 그런데 아이 둘을 키우다 보니 매일 등원시키고 옆집 엄마들과 차 마시고, 밥 먹고 놀러 다니는 게 낙이 되어 4년간 그렇게 지냈다. 그 시간이 편하고 즐겁고 행복했다. 그런데 4년 정도 그렇게 살다 보니 안 되겠다는 생각이 들어 모든 모임과 연락을 끊고, 건축 인테리어 학원에 다니기 시작했다.

학원에 다니면서 배운 것을 토대로 바로 학원을 차렸다. 학원을 오랫동안 운영하다 보니 인테리어 일이 들어오기 시작했고, 외주로 일을 맡게 되었다. 그즈음 자신이 가르친 학생들이 업계의 요직을 맡고 있어 그때마다 도움을 받으면서 사업은 크게 성장했다.

그녀는 달라지겠다고 결단하고, 가장 먼저 모임을 바꿨다. 내가 앞으로 이루고 싶은 꿈, 그 꿈을 향해 나아가는 사람들의 모임에 첫발을 내딛어라. 그 한 발이 가장 중요하다.

④ 죽기 전까지 할 수 있는 일은 글쓰기다

죽기 전까지 할 수 있는 일, 직업으로 이어질 수 있는 일은 바로 글쓰기와 상담이라고 한다. 글 쓰는 일은 나 자신을 변화와 성장으로 이끌어줄 뿐 아니라 다른 사람을 변화시키는 가장 효과적이고 영향력 있는 작업이다.

한 CEO는 글쓰기야말로 최고의 마케팅 기법이라고 말한다. 글쓰기로 기업가 정신과 비전을 대중에게 쉽게 알리고, 이를 통해 기업의 가치를 높일 수 있기 때문이다. 이는 매출에 영향을 줄 뿐 아니라 글에 매료된 사람들과 연결되어 네트워크가 확장될 수 있다.

꼭 작가만 글을 써야 하나. 자신의 생각을 글로 옮길 수 있는 사람은 누구나 글을 쓸 수 있다.

경력이 단절되었다가 일을 다시 시작하고 싶다면 글을 써라. SNS가 활성화된 이 시대에 글쓰기는 더더욱 필수다. 많은 여성이 글쓰기를 통해서 새로운 기회를 만난다. 당장 할 수 있는 것은 인스타 계정과 블로그 계정을 활성화하는 것이다.

그곳에 내가 오늘 경험했는데, 추천하고 싶은 아이템을 써넣어라. 나만이 알고 있는 노하우나 지식, 경험, 견해를 수익으로 바꿀 수 있는 시대다. 궁금하고 정보가 필요한 사람은 많다. 처음에는 2~3줄의 글을 쓰다가 점점 늘리면 된다.

글을 쓰는 동안은 둥둥 떠 있던 많은 생각이 정리된다. 새로운 나를 만날 수 있다. 무심코 지나칠 수 있었던 시간과 경험들이 온라인에서 새로운 콘텐츠로 탄생한다.

꾸준한 글쓰기를 하다 보면 무수한 사람들과 연결된다. 블로그, 인스타로 DM(다이렉트 메시지, 쪽지)이 오기도 하고, 제품 리뷰 제안이나 협찬 광고 등도 들어온다. 또는 책 서평 이벤트에 참여하여 신간 서평을 쓸 기회도 얻을 수 있다.

글을 쓰는 순간 온라인 세상에서 연결되는 무한한 기회의 문이 열린다.

이 모든 것의 잘못이 어디서부터 비롯되는지 알고 싶다고 했죠?
그것은 당신이 누구인지 몰랐기 때문입니다.
나의 가슴과 영혼이 진정 원하는 것은 무엇인지,
내가 가장 잘할 수 있는 것은 무엇인지,
나는 언제 가장 행복해지고 또한 불행해지는지에 대해 몰랐기 때문입니다.
자신이 누구인지를 정확히 아는 자만이
세상에 최상의 것을 내놓을 수 있습니다.
-《1250℃ 최고의 나를 만나라》중

직장인,
크리에이터 되는 법

직장, 언제까지 다닐 수 있을까?

직장을 다니는 사람도 결국은 '크리에이터'가 되는 시대가 왔다. 한 번 입사하면 나이가 들 때까지 한 기업에 오랫동안 종사하는 시대가 아닌, 이제는 긱 경제(gig economy)의 시대이기 때문이다.

긱 경제란 많은 기업에서 정규직보다 필요에 따라 임시직이나 계약 직으로 사람을 고용하는 상황을 말한다. 사람들 역시, 한 회사에 고용 되어 출퇴근을 반복하는 삶에서 벗어나 '내가 원하는 곳에서 내가 하 고 싶은 일'을 하면서 살고 싶어 한다. 이를 실행으로 옮겨 살아내는 사람들도 점차 늘어나고 있다.

스가쓰케 마사노부의 책《물욕 없는 세계》에 사람은 누구나 '자기 실현'과 '경제적 자립'이라는 인생 목표를 가지고 있다고 나온다. 그런 데 과거에는 더 많은 것을 소유한 사람이 성공한 사람이라는 물질주의 생각이 팽배했지만, 이제 젊은이들은 "물건을 소비하지 않는다."라 고 말한다. '소유보다는 공유나 체험'을 추구하며, 자신의 욕망을 '콘 텐츠' 형식으로 소비한다는 것이다.

이른바 '크리에이터'의 시대가 왔다. 젊은 세대는 돈을 '더' 벌기 위 해 자신의 삶을 희생하지 않는다. 오히려 돈을 적게 벌더라도 자신의 삶을 살기 위해 노력한다.

더 많은 시간을 가족이나 친구와 보내며, 유기농 식품을 선택한다 든지, 내 집 마련 대신 세계여행을 떠난다든지, 자연에서 주말을 보내 며 원하는 취미 생활을 즐기는 라이프스타일을 추구한다. 나만의 라 이프스타일이 어떻게 수익으로 연결되는지, 그 과정은 아래와 같다.

나만의 라이프스타일(내가 어떤 것을 좋아하며, 어떤 일을 할 때 즐거운지 잘 알아야 한다.)

⬇

문화(나의 라이프스타일이 문화가 된다.)

⬇

콘텐츠(문화를 보여주고 쌓아가다 보면 콘텐츠가 모인다.)

⬇

공유(소유보다 욕망을 실현하기 원하는 타인에게 나눈다.)

⬇

수익(정보가 되면서 수익이 발생한다.)

직장과 크리에이터는 공존할 수 있다

직장이 있으면 크리에이터가 되기에 더 없이 좋다. 일단 고정적인 수익이 있기 때문에 다양한 것을 체험하며, 나만의 라이프스타일을 확립할 수 있다.

내가 좋아하는 것이 무엇인지 알아가고, 배우고 싶은 것을 공부하며, 나만의 콘텐츠를 쌓아갈 수 있는 기회도 많다. 또한 온라인에서 크리에이터들이 살고 있는 삶의 방식을 보면서 자기실현의 목표를 구체적으로 세울 수 있다.

고퇴경 씨는 낮에는 약사로 일하고, 밤에는 거실에서 K-pop 댄스를 추는 영상을 유튜브에 올리면서 자신만의 콘텐츠를 쌓아갔다.

K-pop 가수 뺨치는 댄스 실력으로 인기 유튜버가 된 그는 '퇴경아 약먹자'라는 채널을 통해 유명한 약사가 되었을 뿐 아니라 국제 K-pop 댄스 페스티벌에 참여하는 등 자신만의 삶, 행복한 인생을 즐기고 있다.

'퇴경아 약먹자' 채널을 유튜브에서 검색해보자.
https://www.youtube.com/channel/UCq-NPoQsxpkdu5n2-BF5TCw

인생의 두 기둥, 자기실현 vs. 경제적 자립

사람들은 똑똑해지고 있다. 눈에 보이는 성과인 경제적 자립만을 위해 달려가면 뭔가 허전하다고 느낀다. 돈과 명예는 손에 쥐었지만, 인생 말미에 자신의 삶을 놓쳤다는 후회를 하고 싶지 않은 것이다.

또한 이제 영원한 직장은 없기에 언젠가 경제적 자립이라는 수익 원천(직장)이 사라질 때를 대비해 자기실현이라는 기둥을 쌓아 올려야 한다고 생각한다.

그렇게 하려면 내가 좋아하는 일, 취미, 정보 등을 잘 활용해야 한다. 우선은 그 정보들을 타인에게 즐거움을 주는 콘텐츠로 가공해 제공해야 한다. 그것이 쌓이면 유튜브 매출, 광고, 출판, 강연, 창업 등의 새로운 기회로 연결되면서 경제적 자립의 기둥을 세울 수 있다.

그러므로 직장에 있을 때 자기실현을 위해 끊임없이 노력하고, 공부하자. 나만의 라이프스타일이 콘텐츠가 되고, 그것으로 수익이 발생하게 하여 인생의 두 가지 기둥을 세우자.

유튜브는 무료로 진입할 수 있으며,

리스크가 없는 창업 점포이다.

나의 유튜브 채널이 멋진 콘텐츠로써 매출이 발생하기 전까지

끊임없이 자기계발에 매진하자.

엄마는 유튜브로 영을 받다

3장

엄마 유튜버
크리에이터 되기

: 맘스라디오 유튜버 크리에이터의 성공법

박재연의 '공감톡'

후회 없는 육아를 위한 공간

"선배님이랑 잘 어울리실 것 같아요. 같이 방송해보세요."

재연 선생님은 후배 작가를 통해 만났다.

그녀의 첫 인상은 세련되고 지적인 외모의 미인이었고, 우아한 분위기가 풍겨 나왔다. 당시 맘스라디오 앱을 개발하는 중이었는데 사업 동기를 이야기하니, 흔쾌히 함께하겠다고 응답해주었다.

다만 라디오 방송은 처음이라 혼자보다 같이 하는 게 좋을 것 같다고 해서, 나와 같이 둘이 진행하기로 했다.

"다른 엄마들이 저처럼 후회하지 않았으면 해요. 그런 마음으로 함께할게요."

나는 프로그램 이름을 무엇으로 해야 할지 며칠을 고민했다. 프로그램 제목은 매우 중요하다. 앞으로 어떤 내용을 이야기할 것인지 알려주는, 방송 내용을 한눈에 보여주는 콘셉트이기 때문이다.

그런데 재연 선생님은 이미 인기 강사의 반열에 올라 있는 터라 더욱 부담스러웠다. 그녀는 어렸을 때 아버지에게 학대를 받았다. 그 후 어른이 되어 결혼해서 아이를 키우다 보니, 자신도 모르게 아이를 찰싹찰싹 때리게 되었다고 한다. 그런 자신의 육아 방식이 후회스러워 무섭도록 대화하는 연습을 했고, 지금은 대화 교육 전문가로 많은 이의 사랑을 받는 강연자가 되었다. 나는 그녀의 이야기를 들으면서 방송 제목이 떠올랐다.

공감톡은 엄마들의 마음을 공감하는 방송이라는 뜻을 담아 만든 제목이다. 재연 선생님은 제목과 카피를 너무 마음에 들어 했다. 우리는 큰 그림을 그려놓고, 하나씩 빈 공간을 채워나갔다. 그야말로 엄마들의 마음이 원고가 되었다.

　재연 선생님은 이미 자녀 교육과 대화법을 오래 고민하며 공부해온 사람이기에 내공이 꽉 차 있었다. 나는 방송작가, DJ의 경험을 살려 재연 선생님의 마음에 있는 것을 하나씩 풀어내는 역할을 담당했다.

　엄마들이 고민하는 내용을 화두로 던지고, 서로의 경험담을 이야기 하면서 재연 선생님 내면에 있는 이야기를 할 수 있도록 편하게 공감 하면서 경청했다.

　재연 선생님은 미모도 좋지만, 목소리가 따뜻하고 부드러우면서 호소력이 있어서 라디오 매체에 잘 맞았다. 재연 선생님의 말을 듣고 있으면 엄마들은 마음을 다독다독 위로받는 듯했다. 그녀에게는 아이를 향한 사랑을 다시금 회복할 수 있도록 돕는 특별한 재능이 있었다.

　1년 8개월이라는 긴 시간 동안 맘스라디오는 제작비와 인력을 총동원하여 공감톡을 제작했다. 재연 선생님은 바쁜 시간을 쪼개서 2주에 한 번씩 공감톡 맘스라디오 방송국으로 달려왔다. 또 항상 맛있는 식사 대접으로 제작진을 격려해주었다.

　서로 아무런 이익이나 수익을 기대하지 않고, 열정 하나로 방송을 만들었던 좋은 시간이었다. 그런데 알고 보니 재연 선생님은 내가 두 달간 잠시 다녔던 여고의 동창이었다. 인연도 참 신기했다. 호흡도 잘 맞았고 여러 가지로 통하는 게 많았다.

　그 마음이 느껴졌는지 공감톡의 팬들이 많았다. 공감톡을 들으며 엄마들이 스터디 모임을 개설했다는 연락도 왔고, 식사 대접을 하고 싶다는 요청은 물론이고, 밥값을 보내는 엄마, 커피 쿠폰 및 선물을 보내오는 애청자들, 그런가 하면 멀리 미국에서 광고비 몇 개월분을 보내준 엄마 사업가도 있었다.

청취자들은 재연 선생님과 나의 열정에 공감해주었다. 방송 내용은 《엄마의 말하기 연습》이라는 책으로 출간되었다. 그 프로그램은 엄마들의 사랑을 듬뿍 받았다. 요즘 문화센터나 네이버 등에서 육아 강연이나 세미나에 '공감 톡톡'이라는 비슷한 제목을 많이 쓴다. 이를 보면서 이 방송이 엄마들이 공감하는 방송으로 자리 잡았다는 사실을 실감한다.

인기 방송 리스트
육아하면서 가장 후회되는 순간은?
우울감을 부르는 육아 스트레스
두려움 없는 부탁의 기술
훈육인가? 학대인가? 애매한 것 정리해드려요
핵심 욕구를 발견하는 자기 대화
돌아서서 후회하지 않는 열린 대화란?
공감 받고 자란 아이 vs. 공감 받지 못한 아이
실수를 통해 배우는 공감의 기술
부부싸움을 본 아이에게 어떻게 말할까?

예지맘의
'괜찮아'

발달장애아를 가진 엄마의 솔직한 이야기

카페에서 열리는 바자회에 참석한 적이 있다. 거기서 인상적인 한 사람을 보았다. 첫인상이 연예인처럼 예쁘고 젊은 엄마였는데, 얼굴에는 슬픈 기색이 가득했다. 직접 그린 그림을 바자회에 기부하기 위해 참석한 모양이었는데, 나는 그 작품을 보면서 그녀와 이야기를 나누었다.

오민주 씨는 독일에서 아이를 키웠는데, 아이가 36개월이 지난 후부터 뭔가 다르고, 발달도 느린 것 같아서 병원에 갔다고 한다. 그날 아이는 발달장애 판정을 받았고, 민주 씨는 충격으로 다리에 힘이 풀려 걸을 수가 없었다. 그녀는 길바닥에 엎드려 한참을 울었다. 그 후 아이를 데리고 나아질 수만 있다면 무엇이든 하리라는 마음으로 전국을 다녔다. 온갖 치유 센터, 종합병원 등 안 다닌 데가 없었다.

그렇게 5~6년을 보내고 아이도 엄마도 몸과 마음이 지쳐갈 때쯤, 마음속에 한 음성이 떠올랐다.

'괜찮아. 괜찮아……'

아이가 좀 늦으면 어때? 지금 이 모습이 뭐가 큰 문제야? 괜찮아. 괜찮아.

발달장애나 자폐 진단을 받은 아이의 엄마들은 하루도 마음 편한 날이 없다. 대부분 치유 센터를 다니면서 시간과 비용을 투자하며 힘든 시간을 보낸다. 이런 이야기를 들으며 나는 방송 제목을 만들었다. '예지맘의 괜찮아'는 그렇게 탄생했다.

사전에 주변 사람들에게 방송 제목 후보 리스트를 돌렸더니, '괜찮아'가 압도적인 반응으로 선정되었다.

첫 방송부터 엄마들이 울면서 들었다. 방송을 듣고, 한 엄마는 우울증에 시달리다가 용기를 얻었고, 너무 감사하다며 맘스라디오 스튜디오에 찾아왔다.

'예지맘의 괜찮아'는 발달장애인 자녀를 둔 엄마가 진행하는 최초의 방송으로, 책으로도 출간되어 발달장애아를 가진 부모들에게 용기와 희망을 주었다.

슬픈 기색이 가득했던 그녀는 방송 진행자로 활동하면서 자신을 되찾기 시작했다. 자신의 사명이 무엇인지, 앞으로 어떤 방향으로 아이를 키우며 살지, 같은 상황에 있는 부모들과 어떻게 함께 걸어갈지 깨닫는 시간이었다고 한다.

현재 발달장애 아이들을 위한 대안학교를 시작한 그녀는 강연자로 활동하면서 전국의 수많은 발달장애아를 가진 부모들에게 용기와 희망을 주고 있다.

인기 방송 리스트
놀이방의 코끼리 책으로 나누는 이야기
아이를 관찰하고 기록하는 방법
아빠들의 이야기-염가희 엄마 정경희 님과 함께
발달장애인의 공동 육아
물리 치료, 운동 재활 신현희 선생님과 함께
다문화 가정의 발달장애인의 삶
20세 취업 초년생 곽도형 군의 엄마 류제숙 님과 함께
우리 아이 미래를 어떻게 설계할까요?

김숙경의
'친정 언니에게 말해봐'

내 편을 만나는 시간

김숙경 선생님은 첫인상부터 푸근했다. 어떤 고민이든 다 받아줄 것 같은 푸근함(?), 동시에 우먼 크러쉬 같은 느낌도 있었다. 당당하면서도 파워풀한 그녀 역시 후배 작가의 추천으로 만났다.

기독교 선교 단체에서 결혼과 연애에 관한 강사로 활동하며 수많은 커플들의 고민 해결사로 활약하셨다. 행복한 결혼 생활을 할 수 있도록 전국을 다니며 상담하는 사명을 가진 분이셨다.

그녀와 함께 만들 프로그램 제목을 고민하다가 엄마들이 불쑥 편하게 고민을 꺼내놓고, 상담할 수 있었으면 좋겠다는 생각이 떠올랐다.

옆집 엄마에게 말하기는 불편하고, 친정 엄마는 너무 걱정할 것 같고, 어떤 내용이든 내 편이 되어 주면서도 따끔하게 조언해주는 '친정 언니' 콘셉트로 가면 어떨까? 그래서 나온 제목이 이것이다.

내 편인가 남의 편인가 고민될 땐,

'친정 언니에게 말해 봐'

결혼 생활에서 부딪히는 갈등, 고부 갈등, 재정 문제 등 다양한 결혼 생활에서의 이슈를 이야기하고 그것을 풀어가는 내용으로 방송을 만들었다.

'외도, 용서가 가능할까?' 이 방송은 지금도 많은 이의 사랑을 받으며 유튜브에서 순항 중이다.

김숙경 선생님은 남편과 화목한 관계를 위해 항상 노력하고 있다는 점이 인상적이었다. 강의 내용처럼 본인도 그러한 삶을 살기 위해 남편과의 데이트, 여행을 중요하게 여기며 살고 있었다. 선생님은 지금도 남편과 함께 세미나를 진행하면서 수많은 젊은 부부에게 용기와 희망을 주고 있다.

인기 방송 리스트

외도, 극복할 수 있을까요?
불쌍한데 보기 싫어?
부부의 시기별 스트레스
피로가 주는 스트레스
'말의 전쟁'에서 이기자
가족의 친밀감, 어떻게 누리나?
워킹 맘과 전업주부, 서로를 부러워하다
결혼, 출산을 통해 겪는 어려움과 기대
성격 차이, 어떻게 극복하나요?
남자와 여자는 달라요
시어머니와의 삼각관계

김현영 교수의
'꿈드림'

●

사춘기, 청소년 부모를 위한 이야기

"맘스라디오는 육아하는 엄마들만 들어야 하나요?"

이 질문을 들었을 때 우리는 연령대가 낮은 유아나 어린이 중심의 콘텐츠를 제작하고 있었다. 내 아이가 어리다 보니, 미처 청소년 학부모를 생각하지 못했다. 아이들은 곧 청소년이 될 터이고, 미리 사춘기를 예방하는 차원에서 청소년 부모를 위한 프로그램을 기획해야겠다고 생각했다.

그 무렵 '예지맘의 괜찮아'에 출연한 조메리명희 교수님의 소개로 김현영 교수님을 만났다.

김현영 교수님은 오랫동안 청소년 상담을 해오셨다. 처음 만났을 때도 그랬고 언제나 소녀 같은 미소를 지으며, 재치가 넘치는 분이다. 교수님의 첫 방송을 잊지 못한다.

교수님은 방송이 처음이라 전날 밤잠을 못 이루었다고 하셨다. 원고도 꼼꼼히 적어왔는데, 방송작가라고 해도 될 만큼 원고 작성도 훌륭했다.

교수님은 오프닝 멘트가 잘되어야 그다음 멘트가 꼬이지 않는다면서 "안녕하세요. 꿈드림 김현영입니다."를 계속해서 반복 연습했단다. 집에서 계속 "안녕하세요. 꿈드림 김현영입니다."를 반복하니까 집안 식구들이 "이제 그만 좀 하라."며 타박했다는 일화도 있다.

전날 잠을 설치며 연습한 교수님은 첫날 많이 떨긴 했다. 그 바람에 말이 빨라져서 방송도 굉장히 빨리 끝났다.

그런 모습이 제작진에게는 마치 소녀처럼 사랑스럽게 보였다.

어느덧 교수님은 방송인 같은 능숙함을 갖추셨다. 청소년들을 직접 섭외해서 그들과 방송을 진행하는가 하면, 청소년 단체를 이끄는 영향력 있는 사람들과 함께 학교 폭력, 왕따, 친구 문제 등 최근 이슈들도 심도 있게 다뤄주셨다.

제작진에게도 항상 잘될 거라고 격려해주며, 1년 넘게 최선을 다하셨다. 마지막에는 여유 있는 진행자의 모습으로 우리를 놀라게 했고 말이다.

청소년에게 가장 필요한 것은 '꿈(드림)'이라고 생각한다. 그래서 프로그램 이름을 '꿈드림'이라고 지었다. 아이들이 꿈을 잃지 않고, 행복한 청소년기를 보낼 수 있도록 부모와 사회가 함께 고민하며 노력하면 좋겠다.

인기 방송 리스트
창의성 계발하기
공부해서 남 주자
웹툰으로 자녀와 소통하기
부모의 잔소리와 언어폭력
청소년기 정신건강-틱 장애
주의력 결핍 행동 장애
청소년기 친구 관계
따돌림 어떻게 대처할까?
우리 아이 다중 지능

김필원의
'뛰는아이 위에나는 엄마'

전천후로 뛰어다니는 엄마들의 이야기

그야말로 날아다니는 엄마들을 소개하고 싶었다. 그래서 제목을 '뛰는 아이 위에 나는 엄마'라고 지었는데, 나는 엄마가 'I'm mother'라는 뜻도 되어서 여러 가지로 마음에 드는 제목이다. '뛰는 아이 위에 나는 엄마' 이런 톡톡 튀는 제목과 잘 어울리는 사람은 바로 김필원 아나운서다.

김 아나운서는 나와 인연이 오래되었다. CBS에서 아나운서와 작가 사이로 약 10년간 복도에서 만날 때마다 인사하던 사이였다. 그러다가 같은 프로그램을 맡게 되었는데, 그때부터 물 만난 제비처럼, 우리

는 자주 만나서 얘기하고, 웃으며 함께 삶을 나누기 시작했다. 김필원 아나운서는 솔직하고, 인간미가 넘치고, 재치와 유머까지 겸비하고 있는데다 열정도 그야말로 날아다니는 정도였기에 프로그램 콘셉트와 잘 어울렸다.

연년생 아이를 둔 엄마인 문지영 작가가 출연자 섭외와 톡톡 튀는 원고를 맡아주었다. 소위 SNS 미디어에서 날아다니는 엄마라면 다 초대해서 실로 다양한 엄마들을 만나는 풍성한 재미가 있었다.

회원 20만 명을 자랑하는 맘 카페 운영자부터 출산과 육아를 거치며 아이와 함께 성장하는 과정을 웹툰으로 그린 작가 엄마, 또 육아 일기를 출판하거나, 새로운 공부를 시도하고 창업하는 등 자기만의 콘텐츠를 쌓아 올려 길을 개척한 열정 엄마들을 매주 초대해 인터뷰했다.

온라인에서 날아다니는 엄마들은 한결같이 열정이 있었고, 멈추거나 포기하지 않았다. 그 열정 이야기가 김필원 아나운서를 만나면서 더욱 재미있어졌다. 그녀는 엄마들의 이야기에 푹 빠져들어 방송을 흥분의 도가니로 몰고 가며 마무리하곤 했다.

뛰는 아이 위에 나는 엄마들은 지금도 온라인에서 높이 날아다니고 있다. 검색하다가 맘스라디오에 출연했던 엄마들의 콘텐츠를 발견할 때마다 너무나 반갑고 항상 잘되길 응원한다.

인기 방송 리스트
웹툰 작가 소로소로 님
체험 학습의 달인 허경숙 님
엄마표 미술을 소개하는 신혜정 님
헤어/메이크업 아티스트 김미정 님
도시 농부 안성선 님
뮤지컬 만드는 엄마 이보현 님
동네여자 이다란 님
라떼아빠 박쿤 님
소셜콘텐츠 스토리텔러 임윤경 님
방송작가 만복이 엄마 미세스찐 한혜진 님
일산아지매 운영자 이명아 님
정리의 끝판왕 정희숙 님
아동심리전문가 정유진 님
나꿍일기 임세희 님
꼼지락 작업실 시은맘 님
엄마는 약선생 윤수진 님
보통의 육아 야순 님

김보영아나운서의
'우아한Booking'

책 읽는 엄마들과 함께하는 시간

자기계발 중 가장 쉽고도 빠른 방법은 바로 책 읽기다. 아이가 자는 동안, 학교에 간 사이, 틈틈이 책을 읽으며 성장한 엄마들이 많다.

책 읽는 엄마들과 소통하며, 함께 읽으면 좋을 책을 소개하는 프로그램을 만들고 싶었다. 책 읽는 엄마는 우아하다는 점을 강조하면서 톡톡 튀는 재밌는 제목을 붙이고 싶었다.

마침내 Book에다가 ing를 붙인 '우아한 Booking'이 탄생했다. 우아하게 책을 부킹한다는 의미도 된다. 이미 프로그램 제목을 지어놓고 있었는데, 어느 날 프로그램의 주인공이 나타났다.

국회방송에서 책 관련 프로그램을 진행하고 있는 김보영 아나운서에게서 페이스북 메시지가 온 것이다. 함께 엄마들을 위해 의미 있는 방송을 만들고 싶다는 내용이었다.

나는 책 프로그램 진행자로 딱이구나 하는 마음에 흔쾌히 함께하자고 이야기했다. 김 아나운서는 목소리가 워낙 좋아서 책 낭독 및 진행을 매끄럽고 편하게 잘해주었다. 방송에서는 책을 쓴 저자들이 직접 출연하기도 하였다. 꿈 전도사 김수영 씨, 영재발굴단 노규식 박사 등도 이 프로그램에 다녀갔다. 책은 사람과 사람이 만나서 이야기하기에 참 좋은 도구다.

그중에서 가장 기억에 남고, 감동적이었던 방송이 있다. 세월호 생존자 학생의 심경을 고백한 편지를 김보영 아나운서가 낭독한 방송이었다. 들으면서 많이 울었다. 편지에 친구들의 마음이 잘 녹아 있었으며, 그날을 함께 기억하며 위로한 의미 있는 방송이었다.

인기 방송 리스트

봉주르, 프랑스 아이 놀이

아이의 첫 번째 학교, 부부 사이

공부는 감정이다

소통의 마법

아들 때문에 미쳐버릴 것 같은 엄마들에게

집으로 출근

완벽하지 않아도 괜찮아 잘 왔어 우리 딸

꿈을 요리하는 마법 카페

이주연의
'푸드팡팡!'

엄마와 아이가 함께하는 요리 놀이

엄마들을 위한 방송인데, 요리 프로그램이 빠질 수 없다!

그런데 뻔한 요리 프로그램이 아니었다. 엄마들이 아이와 함께 놀아주며 소통하는 요리 프로그램이다. 진행을 맡은 이주연 씨는 소통 강사로 활동하면서 10여 년 전부터 요리 교육이 한국에서 시작될 때, 커리큘럼을 직접 짜고 강사들을 교육시킨 인재다. 다재다능하고, 누구와도 기분 좋게 소통을 잘하는 그녀는 아는 분의 소개로 만나 친구가 되었다.

자신의 아이들과 어렸을 때 같이 놀아준 요리 놀이, 그 노하우를 맘스라디오에서 소개해보자는 콘셉트로 시작했다. 제목에는 팡! 하고 재밌게 요리가 완성되는 느낌을 주고 싶었다. 이런 의도로 지은 이름이 '이주연의 푸드팡팡!'이다.

주연 선생님은 그날그날 요리 주제를 정하고 재료들을 직접 준비해 왔다.

"재료랑 필요한 것은 모두 내가 챙길게. 촬영과 편집, 잘 부탁해!"

매번 영상에 필요한 재료들을 직접 장을 봐서 스튜디오로 가져 왔다. 그녀는 우리가 촬영과 편집에 집중할 수 있도록 늘 배려해주었다. 그야말로 협력, 공동 작업이었다.

푸드팡팡을 촬영하는 날이면 제작진은 기대에 부풀었다. 오늘은 어떤 요리를 맛보게 될까? 그녀는 영상에 촬영할 재료를 넉넉히 준비해 와서 요리를 했다. 요리 프로그램은 촬영 시간이 많이 소요된다. 재료를 미리 세팅하고, 소개할 순서대로 배열하고, 요리가 완성된 모습까지 보여주어야 한다. 시간이 많이 걸리고 고된 작업이기에 영상이 한 편씩 마무리될 때마다 그녀는 요리한 음식을 한입씩 쏘옥! 쏘옥~ 제작진의 입에 넣어주었다. 반나절 이상이 걸리는 촬영이었지만, 맛있는 음식 덕에 우리는 촬영 시간이 즐거웠다.

그러던 중 주연 선생님의 가족이 섬마을로 이사를 했다. 그곳은 외지인을 경계하는 분위기여서 속앓이를 하고 있을 무렵에 신기한 일이 일어났다.

아들이 학교에 가서 "우리 엄마 유튜버다!"라고 말한 것이다. 당시 맘스라디오 구독자 수가 2,000명이었는데, 아이 친구들은 출연 영상을 보면서 "야, 너네 엄마 짱이다!"라고 하면서 새로 전학 온 친구의 가족이 정말 멋지다는 소문을 섬사람들에게 퍼뜨렸다고 한다.

그녀는 엄마 크리에이터라는 이유로 새로 이사 간 곳에서 환대를 받았다. 현재 주연 선생님은 대이작도라는 섬마을에서 펜션을 운영하며, 휴식이 필요한 사람들에게 숙박과 천연재료로 만든 요리를 제공하며 추억을 선물하고 있다(푸드팡팡 이주연 선생님을 만나고 싶다면 대이작도 '너나들이 펜션'으로 여행을 떠나면 된다.).

인기 방송 리스트
대박 신기한 회오리김밥 만들기
맛 깡패 주먹밥 크로켓
직접 만든 사랑의 마술봉
도와줘요! 미니 밥버거
마음을 표현하는 바게트 기차 샌드위치
배려의 폭탄 주먹밥
요리가 놀이가 되다! 좋은 시계 피자
아이와 함께 만드는 비빔밥
과자로만! 집을 만들어봅시다!

이수연의
'워킹맘톡쇼'

워킹 맘에게 필요한 모든 것

대기업에서 워킹 맘을 위한 영상을 먼저 기획했고, 메인 MC로 이수연 소장님이 선정되었다. 한국워킹맘연구소 이수연 소장님은 워킹 맘 대표주자로 일과 가정의 양립을 위해 오랫동안 강사로 활동해오신 분이다. 일하는 엄마로서 '어떻게 아이들을 잘 키워낼까?', '직장 생활과 집안일은 어떻게 균형을 맞출까?', '앞으로 꿈을 이루기 위해서는 어떻게 해야 할까?' 이런 고민을 많이 해온 분이어서 엄마들의 공감과 소통을 잘 끌어내주었다.

'이수연의 워킹맘톡쇼'의 로고는 빨간색 구두를 상징적인 이미지로

내세웠다. 하이힐을 신은 엄마가 일도 하고 아이도 키우는 모습을 매력적으로 표현하고 싶었다.

영상을 잘 만들고 싶어서 실시간으로 다각도 촬영을 하며 편집할 수 있는 장비를 새로 구축했다. 카메라와 조명이 무엇보다 중요했기에 알아보다가 한국콘텐츠진흥원의 대형 스튜디오를 무료로 빌리기로 했다. 녹화 때마다 그곳을 대관해서 사용했다. 늘 콘솔 장비와 배경 스크린 등 장비를 챙겨가서 반나절 정도 촬영했고, 이수연 소장님은 전문가답게 미리 헤어와 메이크업을 하고 와서 항상 좋은 퀄리티로 녹화를 진행했다.

이수연 소장님은 초등학생 두 아들이 있는 게 믿기지 않을 정도로 항상 자기관리를 잘했다. 또 무슨 일에든지 열정적인 워킹 맘이었다.

이수연의 워킹맘톡쇼는 다양한 분야의 워킹 맘 인터뷰와 엄마들이 모임에 갈 때의 화장법, 헤어스타일 살리는 법, 아빠들의 교육법 등 다양한 소재로 영상을 제작했다. 현실 육아를 하는 개그맨 정태호 씨도 출연하여 아내의 눈치를 보는 아빠들의 심정을 토로하며 재미와 공감

을 끌어냈다. 좋은 방송 내용들이 참 많았는데, 그중 가장 인기가 있는
영상은 '헤어롤 사용법'이다.

영상 보기

내용은 현직 헤어디자이너가 말하는 '헤어롤 사용법'인데, 바쁜 워
킹 맘이 생활 속에서 쉽고 빠르게 해볼 수 있어서인지 지금까지도 꾸
준히 조회 수가 높다.

인기 방송 리스트
남편은 주말이 무섭대요
손가락 하나 까딱하지 않는 남편
2018년 워킹 맘들이 알아야 할 바뀌는 제도들
우리 아이 성조숙증 고민 해결
한국 vs. 핀란드, 교육의 차이는?
부모가 물려주는 자녀의 인성
아이가 문 쾅 닫고 들어갈 때
부자들의 생각은 다르다? 재무 심리 이야기
가난의 4가지 유형
엄마들 모임 메이크업 어떻게 하지?

리뷰 맘 김은애의
'무엇이든 리뷰합니다'

엄마들에게 꼭 필요한 육아 정보

"기저귀 어떤 거 쓰세요? 젖병 소독기는 어떤 게 좋아요?"

첫 아이를 출산하고, 신세계에 들어온 엄마들은 하나부터 열까지 궁금한 게 너무 많다. 이왕이면 아이에게 좋은 것을 해주려는 엄마 마음 때문에 맘 카페에는 육아 용품에 관련한 질문이 정말 많다. 그런 고민을 해결하기 위해 리뷰 맘 김은애 씨를 만났다.

김은애 씨는 MBC 라디오 리포터로 오랫동안 활동해왔다. 그러면서 맘스라디오를 알게 되었고, 할 수 있는 건 무엇이든 함께하고 싶다고 먼저 적극적으로 메일을 보내왔다.

맑고 화사하면서 밝은 얼굴의 은애 씨를 만나 한참 이야기하면서 프로그램을 기획했다.

그동안 육아 용품 리뷰 제안이 많이 들어왔는데, 은애 씨는 연년생 아이 둘을 돌보는 중이었으며, 둘째는 아직 돌도 안 된 갓난아이였다. 이 점에 착안해 육아 용품 리뷰자로 선정하였다.

첫 영상으로 '내가 지금 출산을 하면 어떨까? 뭐가 가장 궁금할까?'를 염두에 두고 기획했다.

바로 생후 100일 동안 쓴 육아 아이템 중에 베스트 5를 추천하는 영상이었다. 이 영상은 예상대로 반응이 좋았다. 현재까지 약 4만 조회 수를 기록했는데, 특히 육아 용품 회사에서 이 영상을 보고 연락이 많이 온다.

현재 리뷰 맘은 맘스라디오 소속 맘 크리에이터로서 계약을 맺고 활동하고 있다. 육아 용품 리뷰, 협찬이 들어오면 맘스라디오 쪽에서 기획안을 작성하여 계약을 맺는다. 리뷰 맘은 그 내용대로 자기 집에서 제품 사용 리뷰 영상을 촬영해서 보내준다. 그러면 다시 맘스라디오에서 편집을 하는 방식인데, 서로 호흡이 잘 맞는다. 광고 수익료를 계약

한 금액대로 매월 지급하고 있다.

리뷰 맘은 오랜 시간 방송 활동을 해서인지, 기획안을 주면 어떤 느낌으로 말하고 촬영해야 하는지 바로 캐치하여, 자연스럽게 제품의 장점을 살려서 리뷰해주는 센스 맘이다.

워낙 얼굴도 밝고 예뻐서 제품이 더 호감이 가게 만든다. 기업에서 만족도가 높은 크리에이터라고 할 수 있다.

김은애 씨는 연년생 어린아이들을 키우면 제품을 리뷰해서 크리에이터도 되었고, 자신의 경력을 한층 더 업그레이드한 케이스다.

인기 방송 리스트
생후 100일 육아 최애템 5가지
젖병솔 실리콘 vs. 스펀지, 뭐가 좋을까?
아기 물티슈 아무거나 쓰지 마세요
아기들과 외출할 때 챙겨야 할 육아템
이런 수납 많은 기저귀 가방 처음이야
처음 먹는 아기 과자, 뭐가 좋을까?
음식물 쓰레기, 이제 집에서 처리하자
출산 필수품! 유축기 본격 리뷰!
페디큐어 처음 해본 엄마들의 반응

부자 엄마 되기
프로젝트

●

부자가 되고 싶은 대한민국 엄마들의 꿈

로버트 기요사키의 《부자 아빠 가난한 아빠》라는 책을 잘 알 것이다. 왜 열심히 일하는데, 어떤 아빠는 가난하고, 또 어떤 아빠는 부자가 될까?

나는 당연히 부자 엄마가 될 줄 알았는데, 이게 웬일……. 가만히 있다가는 가난한 엄마가 될 것 같은 불안감이 몰려온다. 아이 키우며 살림하는 엄마들은 가장 먼저 경제력에 따른 생활 수준을 체감한다. 경력은 단절되고, 그나마 모아두었던 돈마저 밑바닥을 드러낼 때, 취집에 성공한 줄 알았는데 속았다는 사실을 알았을 때, 엄마들은 차가운 현실을 마주한다.

한번은《나는 마트 대신 부동산에 간다》의 김유라 작가님을 초대해 라이브 방송을 한 적이 있다. 방송을 직접 보기 위해 방청객으로 엄마들이 많이 찾아왔고, 영상이 올라간 지 3개월 만에 조회 수가 1만 회를 돌파하더니 지금 77만 조회 수를 기록하고 있다. 엄마들이 얼마나 재테크에 관심이 많은지 실감할 수 있었다.

여기서 중요한 포인트를 발견했다. 엄마들은 금융, 재테크 전문가보다는 평범한 엄마의 이야기에 끌린다. 부자 엄마가 되기 위해 공부하고, 발로 뛰어다니며 보통 엄마들보다 한 발 앞서간 스토리에 말이다. 그래서 우리는 '부자 엄마 되기 프로젝트'를 시작했다.

이지영의 가계부 쓰는 법

첫 방송으로는《엄마의 돈 공부》라는 책으로 잘 알려진 이지영 작가님을 초대하여, 가계부 쓰는 법에 대한 영상을 촬영했다. 차분한 이미지의 그녀는 다이어리 쓰는 법과 돈을 관리하는 법에 대한 자신의 노하우를 엄마들에게 모두 공개해주었다.

영수증은 어떻게 보관하면 되는지 같은 사소한 팁도 알려주었다. 공감을 끌어내기 위해서 나는 방송 중간에 평소 들고 다니는 에코백을 보여주었다. 영수증과 간식이 가방 속에서 사이좋게 굴러다니고 있었다. 가방 안을 들여다본 그녀는 웃음을 참지 못했다.

꼼꼼한 이 작가님은 각 용도별로 포켓을 마련하여 가지고 다닐 섯을 권유했다. 또 가계부는 어떻게 정리하면 되는지 준비해간 큰 종이에 하나씩 써가면서 알려주었다. 촬영 중 그녀의 다이어리를 보았는데 깜짝 놀랐다. 오래 전에 쓴 다이어리까지 너무나 깔끔하고 꼼꼼하게 지출 내역들이 기록되어 있었기 때문이다.

그녀는 매달 자신이 이루고 싶은 꿈을 기록하고 그 꿈에 투자하며 살고 있는 똑똑한 엄마였다. 차분하면서도 꾸준하게 자신의 삶을 원하는 모습으로 이뤄가고 있는 그녀의 삶에 제작진 모두 감탄했다.

영상 보기

●

유수진의 재테크

어느 날 서점에 갔는데, 유수진 대표님의 책《부자언니, 부자연습》이 쫙 깔려 있는 풍경을 보았다. 어떤 내용이길래 이렇게 책이 잘 나갈까? 그 자리에서 책을 사서 읽어 보았다.

유수진 대표님은 이삼십대 여성들에게 인기 있는 재테크 강사였다. 나는 그녀를 당장 섭외하고 싶은 마음에 페이스북으로 인사하고 섭외 요청을 했다. 그녀는 흔쾌히 만나자고 했고, 마침 지인인 이미나 대표님과 친분이 있어서 같이 만났다.

우리가 만난 곳은 압구정동의 유명한 의사가 운영하는 레스토랑이었다. 역시 부자 언니는 다르구나 생각했다. 실제로 만나보니 여자가 봐도 매력적일 정도로 쿨한 성격에 재치와 언변이 돋보여 쏙~ 빨려 들어가고 말았다.

이미나 대표님과 유수진 대표님이 함께 '부자의 조건, 투자의 시작'이라는 내용의 영상 두 편을 제작했다. 촬영 시간이 벌써 끝났나 싶을 정도로 시간이 금방 지나갔다. 흔한 NG 한 번 없이 유수진 대표님은 방송을 잘해주었고, MC 이미나 대표님도 편하고 유쾌하게 잘 진행해주었다.

그 영상은 유튜브에서 재테크 공부를 시작할 때 보는 입문 영상이라고 할 정도로 지금까지 사랑을 많이 받고 있다. 유수진 대표님은 현재 결혼 후 부자 언니에서 부자 엄마가 될 준비를 하고 있다.

백승혜의 발로 뛰는 부동산 공부

　백승혜 대표님과 진행한 '발로 뛰는 부동산 공부' 시리즈도 재밌는 추억이 많다. 지하철역을 중심으로 지역 상권을 분석하는 소위 부동산 임장 수업이었다. 백승혜 대표님은 유수진 대표님과 진행하는 유튜브를 시청하여 알고 있었는데, 정말 우연히 한 공간에서 만났다. 백 대표님은 부동산 수업 중이었는데, 나는 반가운 마음에 문을 열고 들어가서 인사를 했다.

　그 후 함께 '발로 뛰는 부동산 공부'를 기획해서 제주도까지 가서 콘텐츠를 제작했다. 추운 겨울 주머니에 핫팩을 넣고 걸어가면서 촬영했고, 드론 촬영도 시도하는 등 재미난 추억이 많은 방송이다.

영상 보기

인기 방송 리스트
김유라의 내 집 마련하기
유수진의 재테크 첫걸음–부자의 조건
유수진의 재테크 첫걸음–투자의 시작
이지영의 '돈 되는 가계부 쓰는 법'
백승혜의 '발로 뛰는 부동산 공부'

초연맘, 연우맘의
'드라마봤수다'

드라마로 신나게 수다 떨기

맘스라디오 초창기부터 해온 프로그램이다. 작가 생활을 하면서 만난 초연맘(강차미 씨)은 드라마를 좋아하는 엄마다.

"무겁고 심각한 얘기 말고, 드라마 본 이야기 같이 수다 떠는 프로그램 하고 싶어요."

이렇게 말하더니 '드라마봤수다'라는 제목을 직접 지어왔다.

"그런데 혼자 진행하면 재미없어요. 누구 없을까요?"

"언니! 드디어 찾았어요. 놀이터에서 엄마들과 이야기하는데 그중에 드라마 얘기로 잘 통하는 엄마가 있어요. 같이 방송하면 좋을 것 같아요!"

이렇게 시작된 프로그램이 초연맘과 연우맘의 '드라마봤수다'다.

초연맘은 방송작가 출신으로 매회 녹음을 위해 드라마를 챙겨보고, 원고를 작성해서 왔다. 처음엔 부끄러운 듯 목소리가 작았지만 시간이 가면 갈수록 커졌다. 나중에는 방송 진행하면서 깔깔깔 웃는 소리를 들으며 덩달아 기분이 좋아졌다.

한번은 드라마에 단골 이슈인 외도에 대해 이야기하고 싶다며, 좋은연애연구소 김지윤 소장님을 섭외하고 싶다고 했다. 나와는 친분이 있기에 김 소장님에게 출연을 부탁했다.

영상 보기

그녀는 흔쾌히 방송에 응해주었고, 이 방송은 맘스라디오에서 가장 높은 조회 수를 기록하며 여전히 인기몰이 중이다.

인기 방송 리스트

애인 있어요
응답하라 1988
태양의 후예
욱씨남정기
또 오해영
치즈인더트랩
닥터스
공항 가는 길
자체발광 오피스
생동성연애

엄마의 지혜가 척척 자라는 시간
'엄지척'

똑똑한 엄마들을 위한 엄지척

테드, 세바시 같은 '엄마 전용 강의 프로그램'을 만들고 싶었다. 제목을 고민하다가 '엄지척'의 '엄'을 엄마로 사용하면 어떨까 하는 생각이 들었다. 그리고 보니 '지'는 지혜, '척'은 척척!

이렇게 딱 들어맞는 게 아닌가?

엄마의 지혜가 척척 자라는 시간, 엄지척!

그리고 엄지를 든 손은 분홍색 고무장갑을 낀 손으로 연출했다. 주부 하면 아무래도 고무장갑이 아닌가? 역설적이면서도 강력하게, 엄지척을 상징하는 이미지로 만들었다.

진행자로는 함께 방송 프로그램을 오래해 온 스파더엘 이미나 대표
님을 섭외했다. 지금은 세 아이의 엄마인 그녀는 열정적인 사업가다.
사업과 육아로 바쁜 와중에도 엄마들을 위한 콘텐츠를 만들기 위해
시간을 내서 달려와 주었다.

방송국에서의 인연으로 나는 많은 이의 도움을 받았다. 엄지척에
는 부모가 된 후 삶의 터닝포인트를 경험하고, 자신만의 길을 개척한
사람들이 출연하였다. 어린 시절 화상 사고로 여러 번 자살 시도를 했
으나 신앙의 힘으로 이겨낸 이효진 씨도 그중 한 사람이다.

영상 보기

'나는 결혼할 수 있다.'

그녀는 강한 신념으로 결혼에 골인했다. 기독교 방송에서 출연 제의를 하면서 인연을 맺었는데, 시간이 흘러 엄마로서의 그녀 이야기가 듣고 싶었다.

아이를 키우는 과정은 자기 과거와의 만남이다. 엄마가 된 그녀는 딸과 아들의 사랑을 받으며, 있는 그대로 사랑받는 것이 무엇인지 가족을 통해 '사랑의 힘'을 깨닫고 있다고 했다. 화상의 흔적은 그대로 남았지만, 아이들에게는 가장 예쁜 엄마로 살아가는 그녀의 이야기가 엄마로서의 자존감과 역할에 대해 다시 한번 생각해보게 했다.

출연자 중 가장 연장자였던 옥복녀 작가님의 강의 역시 감동적이었다. 그녀는 산후 우울증에다 알코올 중독으로 아파트 베란다가 술병으로 가득 채워질 때, 문득 어린 딸아이가 혼자 노는 뒷모습을 본 후 정신이 번쩍 들었다고 했다. 술병을 다 내다버리고, 아이를 위해서 멋진 엄마가 되겠다고 결심한 후 삶이 180도로 달라졌다.

배움에 대한 끝없는 열정으로 살아가는 그녀는 이제 그 딸을 시집보내고 친정 엄마가 되어 여성들을 위한 열정적인 강연을 하고 있다.

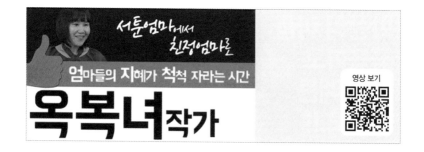

영상 보기

옥복녀 작가님은 그야말로 엄.지.척 여성이었다.

엄지척 엄마들을 만날 때마다 엄마들의 무한한 가능성과 희망을 발견한다. '엄지척'은 사회적 편견으로 만들어진 유리 천장을 뚫고, 자신만의 길을 개척한 이들에게 박수를 보내는 방송이다.

대한민국 모든 엄마들에게 '엄지척' 해주는 그날까지! 맘스라디오는 계속 달려갈 것이다.

인기 방송 리스트
경력 단절 극복한 엄마의 조언
하루 10분만 투자하면 기적이 일어납니다
화상의 아픔을 극복한 엄마
4차 산업혁명 시대, 아이들의 뇌 발달에 미치는 아빠의 영향은?
서툰 엄마에서 친정 엄마로
핀란드 vs. 한국, 교육의 차이는?

김태은의
'팩캐스트'

●

팩 하면서 맘 편히 듣는 라디오

나는 뒤에서 방송을 기획하고 서포트 해주는 자리가 편하다. 앞으로 나서는 일에는 늘 조심스러웠다. 그런데 유튜브 채널이 우리 방송에 중심이 되다 보니, 엄마들에게 다양한 사람들을 소개할 중간 MC 역할이 필요했다. 매번 사람들에게 방송을 해달라고 부탁할 수도 없었다.

하는 수 없이(?) 카메라에 얼굴을 내놓기로 했는데, 그게 너무 쑥스러웠다. 게다가 마침 음성 콘텐츠였기 때문에 팟캐스트가 연상되는 '팩캐스트'라는 말이 떠올랐다.

'엄마들이 팩 하면서 맘스라디오를 들으면 어떨까?'

이런 생각으로 '김태은의 팩캐스트'라고 제목을 지었다. 그런데 너무 신기하게도 그때 마침 마스크팩 100개가 협찬으로 들어왔다. 반응은 성공적이었다.

팩 하면서 듣는 방송이라는 콘셉트가 엄마들의 생활과 밀접해서 공감대를 끌어낼 수 있었다.

영재 교육 전문가 영재오 심리발달센터 임서영 소장님과 함께 유아 교육, 부모 교육에 관한 내용을 팩캐스트에 담아냈다.

임 소장님은 오랜 경험을 바탕으로 아이들의 얼굴 표정만 보고도 아이의 감정을 잘 읽어주는 분이다. 아이의 마음을 읽어주면서 그 아이에게 맞는 생활 지도, 학습 지도 등을 해주고, 엄마에게 아이의 마음을 전해줌으로써 삶의 변화를 이끌어낸다. 엄마 팬층이 두터운 임 소장님은 목소리도 좋았고, 메시지도 좋아서 엄마들에게 위로와 공감의 시간을 선물해주었다.

특히 이슈가 되었던 드라마 〈SKY캐슬〉 이야기를 나눈 방송이 깊은
공감대를 형성했다.

영상 보기

인기 방송 리스트
SKY캐슬, 엄마들의 욕망은 어디까지?
SKY캐슬, 나는 어떤 엄마일까?
영재로 키우는 것보다 더 중요한 것
경력 단절에서 CEO로? 내 인생의 판을 바꾼 김여나 작가
나누면서 성장하는 엄마들
엄마들의 고민 사연
등원 거부하는 아이
자꾸만 아이한테 화내는 엄마

제주맘의
'Vlog'

제주에서의 일상 공유하기

맘스라디오 시작부터 함께했던 제주맘 정민혜 씨는 남편의 직장 때문에 제주도로 이주했다. 함께 사무실에서 일하지 못하는 아쉬움이 컸지만, 당시에 제주에서 한 달 살기가 유행이었기 때문에 제주 콘텐츠가 인기가 있을 것 같아 '제주맘의 Vlog'를 기획했다.

제주맘이 된 정민혜 씨는 자신의 일상을 찍어서 메일로 보내왔고, 우리는 차례로 편집하여 유튜브에 업로드 했다. 가장 인기가 높았던 영상은 카라반에서 지내는 모습이었다.

'캠핑카에서 한 달 살기'를 하면 어떨까?

사람들은 캠핑카에 대한 호기심이 많다. 내부는 어떻게 다를까? 어떻게 먹고 생활하지? 그런 궁금증을 풀어주는 콘텐츠를 만들었다. 그 중에서도 히트를 친 건 카라반 화장실에 대한 소개 영상이었다.

'카라반 화장실 많이 가면 안 되는 이유'라는 제목의 영상이었는데, 유튜브에서 '카라반 화장실'이라고 검색하면 제주맘의 얼굴을 볼 수 있다. 약 20만 조회 수를 기록한 이 영상은 제주맘 특유의 재치와 유머가 담겨 있어 코미디언이 아니냐는 댓글이 많이 올라왔다.

그 외에도 의미 있었던 콘텐츠는 아이들과 함께 바다 쓰레기를 줍는 '제주도 바다 상상 못할 쓰레기'라는 영상이다.

방학 동안 엄마들은 아이들과 함께 제주도를 여행하고, 바닷가를 거니는 행복한 시간을 보내지만, 실제 바다는 쓰레기로 몸살을 앓고 있다.

영상 보기

먹고 버린 플라스틱 음료수병과 빨대, 온갖 비닐들이 바다를 오염시켜 해양 생물들이 고통 받고 있는 현실을 알리고 싶었다. 우리가 아이들과 함께 제주도에서 여행을 즐기고, 좋은 추억을 남기려면 쓰레

기를 함부로 버리지 말고, 아이들과 함께 쓰레기를 줍는 운동에 동참
하자는 취지였다.

제주맘은 맘스라디오 초기 멤버이자, 소속 크리에이터로 '제주맘
TV' 채널을 운영하고 있으며, 여행 Vlog 콘텐츠를 담당하고 있다.

인기 방송 리스트
제주에서 꼭 맛봐야 할 특산주 6가지
제주도 바다 상상 못할 쓰레기들
제주도에서 전기차를 타야 하는 이유
카라반에서 한 달 살기
제주도 귤 따기 체험
카라반 새 식구, 아기 고양이들을 소개합니다
제주도 한 달 살기
제주 덕수초등학교

'응답하라
대한민국 워킹 맘'

일과 육아 사이에서 갈등하는 엄마들의 이야기

'응답하라 대한민국 워킹 맘'은 여성 정치인 이지현 씨의 의뢰로 시작했다. 그녀는 전 서울시의원으로, 일과 육아 사이에서 갈등하는 여성들의 권익 증진을 위해 발로 뛰는 '정치하는 엄마'다. 대한민국의 정책에 대해 알리고, 같이 이야기해보는 방송을 만들고 싶다고 제안해서 '응답하라 대한민국 워킹 맘'이라는 제목으로 타이틀을 만들었다. 다소 무거운 주제들이어서 영상 콘셉트는 매번 재밌고 새로운 방식을 시도하려고 노력했다.

예를 들면 호수공원에서 전동 스쿠터를 타면서 워라밸에 대해 이야기하기, 달리는 기차를 놓치는 엄마를 경력 단절에 비유하여 기차 안에서 토크하기, 가발 쓰고 외국인 베이비시터 역할극 하기 등 다양한 방식으로 대한민국의 워킹 맘들의 고민을 이야기했다.

윤보영 씨, 가운데 정민혜 씨(베이비시터 역할), 이지현 씨

함께 진행한 윤보영 씨는 서울대 음대를 나온 인재이지만, 딸 셋을 낳으면서 육아 휴직만 세 번, 다시는 직장에 돌아갈 수 없는 상황이 되어 현실감 있게 워킹 맘의 고충을 이야기하였다.

그중에서 명절 특집이 기억난다. 큰집에서 전을 부쳐 먹는 실제 상황을 연출하기로 결정하고는, 파자마에 롤을 만 두 며느리의 콘셉트로 촬영했다.

제목은 '니가 부쳐 먹어 동태전'이다. 전을 부치는 뒤로는 그녀의 남편을 섭외하여 텔레비전을 보면서 발톱을 깎거나 뒹굴뒹굴 하는 현실 남편의 모습을 연출하여 재미와 공감을 주려고 했다. 워킹 맘으로서 아직도 개선해야 할 점이 많은 명절 문화와 사회 분위기에 대해 속 시원하게 말해본 의미 있는 방송이었다.

영상 보기

인기 방송 리스트

엄마들이 일을 그만두는 이유는?

경력 단절 엄마들의 현실

아이 돌봄 서비스는 누구를 위한 것인가?

실내 미세먼지 수치가 걱정된다면?

초등학교 어머니회 별걸 다하네! 워킹 맘은 왕따?

요즘 핫이슈 워라밸! 일과 삶의 균형은 가능한 일?

명절 특집 _ 니가 부쳐 먹어 동태전

닥터 김의
'아이를 바꾸는 시간'

아이를 건강하게 키우고 싶은 마음

어느 날 한 젊은 의사 선생님이 맘스라디오 사무실에 방문하였다. 김지훈 선생님은 엄마들을 위한 콘텐츠 플랫폼에서 꼭 나누고 싶은 이야기가 있으니 영상으로 제작해달라고 의뢰했다. 그는 현장에서 부모와 아이들을 상담·진찰하다 보면, 우리가 먹는 음식과 환경 때문에 생기는 질병들이 많은데 그 부분에 대해 정확히 알리고 싶어 했다. 제목 타이틀도 본인이 직접 만들어 왔다.

'닥터 김의 아이를 바꾸는 시간'

일명 '아바시'를 통해서 무엇보다 제작진이 많이 배웠다. 첫 편이었

영상 보기

던 GMO의 불편한 진실부터 다소 충격이었다. 우리가 자주 먹는 식품들, 그리고 그것을 둘러싼 거대한 회사의 음모와 비밀들이 주요 내용이었다.

GMO 유전자 조작 식품을 섭취하면 인체에 미치는 영향이 크지만, 그 진실이 알려지지 못한다는 내용이었다. 김 선생님은 자본주의 사회에서 돈이 많은 회사의 마케팅 전략에 묻히는 바람에 사람들이 병들어 가고 있다고 했다.

우리는 내가 먹는 음식에 대해 정확히 알 권리가 있다. 특히 자라나는 아이들은 먹는 것에 영향을 더 많이 받는다. 김 선생님은 원인 모를 다양한 몸의 증상으로 아이들과 부모님이 고통 받는 모습을 보면서 GMO와 같은 유전자 변형 작물에서 그 원인을 발견하고, 그에 대해 자세히 이야기하고 싶어 했다.

우리 먹거리에서 무엇을 지켜야 하는지, 우리의 농산물의 소중함, 특히 씨앗(종자)의 소중함을 다시 한번 깨달았다. 먹거리에 대한 정확한 정보를 알고 싶다면 한번 시청해보길 바란다.

김 선생님은 제작진에게 나물이 풍성한 비빔밥을 대접해주었다.

그를 생각하면 먼저 건강한 음식부터 떠오른다.

인기 방송 리스트

GMO 불편한 진실의 시작

우유를 마시면 키가 더 못 자라는 이유

언어와 발달이 느린 아이

ADHD에 대한 오해와 편견들

눈을 깜빡이는 아이들, 틱장애

까치발 많이 하는 아이, 원시반사 때문일 수도 있습니다

자폐 스펙트럼의 원인

《환자 혁명》 저자 조한경의 자녀 키우는 방법

엄마는 유튜브로 영을 번다

부록

초보 유튜버를 위한
Q&A

1 | 첫 장비, 어떻게 구비해야 할까요?

첫 장비로는 휴대폰을 추천한다. 최신 휴대폰은 최상급 HD화질을
넘어 4K영상을 지원하며, 마이크 성능도 좋다. 맘스라디오 영상 중에
는 휴대폰으로 촬영한 것이 꽤 있다. 급하게 중요한 콘텐츠를 촬영할

첫 장비 추천 리스트
1 카메라 성능이 좋은 휴대폰
2 휴대폰 삼각대
3 휴대폰 핀 마이크(sony, rode)
4 (선택)조명 or 야외 촬영

때, 또는 카메라 장비를 챙겨가지 못한 여행지나 집에서는 휴대폰으로 촬영했다.

처음은 무조건 쉽고 간편해야 한다. 위의 장비로 촬영을 한 후 휴대폰 앱으로 바로 편집하면 된다. 여러 가지 편집 앱이 있지만, 키네마스터(kineMaster)가 쓰기 편하면서도 전문적인 편집 스킬까지 구현할 수 있어 추천한다. 편집한 다음에 바로 유튜브에 업로드 하면 끄읕!!!

그다음으로 추천하는 장비는 Go pro 미니카메라다. Vlog, 여행 등의 일상을 담기에 좋다. 마이크가 따로 필요 없을 정도로 성능도 좋고 간편하다.

2 | 자극적인 콘텐츠가 돈을 더 많이 벌 수 있나요?

결론부터 말하자면 유튜브에서는 불가능하다. 맘스라디오에서 '순결한 엄마들의 29금 토크' 프로그램을 방영한 적이 있다. 청소년 성교육 전문가인 심에스더 씨가 매주 목요일 밤 11시에 다양한 성에 대한 주제로 생방송을 했다.

성교육에 관한 내용이었지만, 유튜브 인공지능의 검색에 의해서 성에 대한 단어가 바로 검색되어 수익 창출이 차단되었다. 아무리 건전한 내용이라도 성 관련 주제는 오히려 돈과는 멀어질 수 있다.

영상 보기

　간편한 속옷만 입고, 라면을 끓여 먹어 크게 이슈가 된 '구도쉘리'의 경우 채널이 삭제된 적이 여러 번 있었다고 한다. 그때마다 장문의 메일을 보내 겨우 채널을 살려냈다. 자극적인 콘텐츠는 순간적으로 사람들의 이목을 끌 수 있으며, 조회 수를 단숨에 올릴 수는 있다.

　다만 유튜브 자체 점검 외에도 위험이 따른다. 구독자가 채널을 신고할 수 있기 때문이다. 선정, 폭력, 기타 자극적인 이유로 신고하면 유튜브 채널에 경고 메일이 간 후 영상이 삭제되기도 한다. 자극적인 콘텐츠가 사람들의 이목을 집중시키고, 조회 수를 늘려주지만 돈을 더 많이 벌게 해줄지, 아니면 유튜브에서 영원히 사라지게 만들지는 장담할 수 없다.

　아무래도 자극적인 소재보다는 사람의 눈길을 끄는 카피 한 줄, 섹시한 제목 한 줄이 더 중요하다.

3 | 시간은 어느 정도 투자해야 하나요?

"하루에 딱 한 시간만 투자하세요!"라고 말할 수 있다면 얼마나 좋을까?

90만 구독자를 보유한 유튜버인 '고몽'을 만난 적이 있다. 옆자리에 앉아 대화를 나누는데, 당시 직장인이었던 고몽은 점심시간마다 편집을 하고 있는데 곧 직장을 그만둘 계획이라고 했다.

1일 1영상으로 유명한 JM 역시 직장인이다. 그는 퇴근 후 '무얼 찍을까?' 하는 구상부터 촬영, 간단한 커트 편집까지 하루 3~4시간을 유튜브에 할애한다고 했다.

초보 유튜버라면 내용을 수시로 기획하여 촬영에 1~2일, 편집에 2~3일을 쓰고 일주일에 한 편씩 올리는 것을 목표로 하면 어떨까? 그러나 일주일도 금방 지나간다!

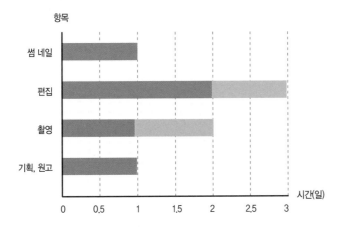

4 | 내 채널을 어떻게 홍보할 수 있을까요?

① 유명세를 이용한다

가장 빠른 방법은 유명 유튜버 채널에서 내 채널을 홍보해주는 것이다. 몇 십만, 몇 백만 구독자를 가진 채널에서 내 채널을 언급해주거나, 혹은 거기에 직접 출연하면 좋은 기회가 될 것이다. 유명인이 내 채널을 보고 있다고 이슈화하거나 기사화된다면 더할 나위 없이 좋다.

보통 자신의 채널에 영상 몇 개를 올려놓고, 유명 유튜버에게 연락해서 출연하여 홍보하는 경우가 많다. 그렇게 해서 자신을 소개하고, 강한 콘텐츠로 구독자를 사로잡은 후, 유튜브를 시작했다고 놀러 오라고 링크를 걸어놓으면, 빠른 시간에 구독자 수가 증가한다. 일명 합방 혹은 콜라보인데, 당연히 상대방의 채널에서 필요하고, 좋아할 만한 콘텐츠를 제공해야 한다.

그렇지 않다면 출연하는 데 비용을 지불해야 한다. 비용은 채널마다 다르다. 자기 채널을 키우는 데 들어가는 시간과 비용을 고려하면, 또 홍보 효과를 감안하면 괜찮은 방법이기 때문에 많은 사람이 그렇게 하고 있다.

두 번째 방법은 자신의 SNS를 적극적으로 활용하는 것이다. 내가 나를 홍보하면 된다. 예를 들어 인스타그램은 사진 위주로 소통하는 장이다. 상대방이 궁금한데 프로필에 유튜브 채널까지 써 있으면 들어가 보게 된다. 더 자세한 성향과 활동을 파악한 다음에는 구독자가 될 확률이 크다.

인스타그램은 페이스북과 연동되므로 한 번에 두 개의 채널을 운영할 수 있는 장점이 있다. 인스타그램과 유튜브 채널을 동시에 활용하자. 물론 텍스트까지 매일 작성할 수 있다면, 블로그는 기본이다.

② 이슈를 따라간다

그 외에도 이슈가 되는 영화나 책, 사람 등 핫한 콘텐츠를 주로 구상하여 영상을 올려보자. 그 이슈에 대해 더 알고 싶은 사람들이 검색하다가 내 채널을 발견하길 기도하면서!

하지만 수많은 매체들이 이슈 전쟁을 벌이고 있으므로 이슈에 대한 나만의 독창적인 생각과 견해, 날카로운 언변을 겸비해야 한다.

③ 유료 광고로 돌린다

구글애즈를 이용해서 동영상을 홍보하는 방법이 있다. 구글 계정으로 로그인을 하고, 새로운 캠페인을 개설한 후, 리드에서 동영상 홍보를 클릭하면 된다.

하루의 홍보 예산을 설정해놓으면, 유튜브에서 자동으로 내 영상을 홍보해주며, 노출 및 조회 수가 발생하는 만큼 결제가 된다.

④ 제목이 전부다

홍보할 때 가장 중요한 부분은 제목이다. 어떤 키워드로 제목을 잡느냐에 따라 조회 수가 달라진다. 또 썸네일은 책 표지의 역할을 한다. 어떤 디자인과 키워드로 장식하느냐에 따라 영향을 크게 받는다.

제목을 정할 때는 약간의 낚시성 키워드가 필요하다. 한 콘텐츠에서 자신이 말하려는 것을 잘 대변해야 하는데, 눈에 확 들어와서 호기심에 불을 붙여 클릭할 만한 키워드를 뽑아야 한다. 사람들의 마음을 자극하는 키워드 정하기가 홍보의 핵심이라고 할 수 있다.

5 | MCN 계약은 좋은가요? 나쁜가요?

MCN(Multi Channel Network, 인터넷 스타를 위한 기획사)에서 계약 제의가 들어온다면 일단은 기뻐할 일이다! 영향력 있는 크리에이터가 됐다는 뜻이다. 연예인이 소속사를 두고 활동하는 것이 좋은가? 매니저와 둘이 활동하는 것이 좋은가? 이런 질문과 같다.

MCN의 주된 역할은 외부 일정을 관리해주어 기업 등의 광고주와 연결하여 더 큰 수익 구조로 나아가게 해주며, 채널을 서포트 해준다.

맘스라디오는 광고주와 크리에이터를 연결해주는 광고 플랫폼 '유커넥'을 이용하고 있는데 너무 편리하다. IT 시스템이 잘 만들어져 있어서 영상 기획안·촬영·편집 업로드까지 차례로 이루어지며 홍보 영상의 프로세스도 서로 공유할 수 있다. 또한 입금 날짜 및 금액까지 공시되어 있어서 투명하고, 신뢰할 만하다. 유커넥에 들어가서 광고주들이 올린 제안서를 자주 검토해보고, 자신에게 맞는 광고가 있으면 도전해볼 것을 추천한다.

6 | 콘텐츠 제작하는 데 비용이 얼마나 들까요?

자신의 노하우를 집에서 찍고 올릴 수 있으면 비용은 제로다!

내가 가진 콘텐츠가 아닌, 장비에 의지하거나 편집 업무를 맡겨야 하면, 그에 따른 비용이 들어간다.

초기 유튜버라면 내가 잘하는 것, 자신 있는 것, 사람들이 나에게 물어보는 것. 그것을 카메라 앞에서 이야기하는 것부터 시작하면 좋다.

유튜브는 마라톤 작업이기 때문에 조회 수가 올라가고 수익이 나기까지 시간이 걸린다. 그러므로 버티는 자가 이길 확률이 높다.

라면을 맛있게 끓이는 법, 맛있게 먹는 법, 새로운 라면 먹기, 쉬운 반찬 만들기, 고양이 목욕시키는 법, 애완동물 키우는 법 같은 여러 노하우, 사업 관련, 돈 버는 법 등을 주제로 시작하면 된다.

편집자 구하기

유튜브 촬영을 맡기고 싶다면, 전문가 마켓 '크몽' 사이트에 들어가 보자. 리뷰를 보고, 비용을 본 후 맘에 드는 편집자에게 편집을 의뢰해 본 후, 자신에게 맞는 편집자와 호흡을 맞추는 방법도 있다. 하지만 100만 구독자를 보유한 유튜버라고 할지라도 잘 맞는 편집자를 만나는 건 쉽지 않다.

많은 편집자를 거쳐 봐야 나에게 맞는 편집자를 선택할 수 있다. 나는 영상고등학교에 연락해서 편집자를 구했다. 그는 경력은 없었지만, 젊고 성실하다는 점에 점수를 줬다. 또 유튜브는 10대들의 점유물이기 때문에 젊은 감각이 필요했다. 이제 90년대 생에게 배워야 살아남는다.

7 | 직장 다니면서 할 수 있을까요?

충분히 할 수 있다. 바쁠수록 책을 내야 한다는 말이 있듯이 직장 생활을 하면, 집에 있는 것보다 더 많은 사람을 만나고, 많은 이슈를 접하게 되면서 콘텐츠를 만들 기회가 늘어난다.

낮에는 약사를 하면서 밤에는 K-pop 춤을 추는 인기 유튜버도 앞에서 소개했다. 자신의 전문성을 잘 활용하면 어떤 콘텐츠를 뒷받침할 매력적인 요소가 될 수 있다.

유튜버 활동에 대한 회사의 두 가지 반응

① 유튜브에 올리지 마! ▶ 보안 꼼꼼형

직원이 유튜브 하는 것을 금지하는 회사가 있다. 회사의 보안이나 이미지를 중요시하는 회사 내부 규정 때문이다. 그런 경우에는 퇴사 후에 시작하거나 이직할 기회가 있을 때 시작하는 게 좋다. 아무리 몰래한다고 해도 결국은 드러날 것이며, 회사 안에서 갈등을 빚어 유튜브 운영에 차질이 생긴다면, 둘 다 에너지 낭비가 아닐까?

② **유튜브 좀 해라! ▶ 적극 권유형**

회사는 조금 더 영리하게 유튜브를 하고 싶은 직원과 협업할 필요가 있다. 어떤 회사는 직원이 유튜브를 마음껏 할 수 있도록 지원해주고, 월급도 주고, 수익도 가져가게 하면서 자연스럽게 자사의 제품을 PPL하여 매출 증가를 경험하고 있다.

회사도 직원도 운이 좋은 케이스다. 회사는 유튜브를 하고 싶은 직원이 있다면 잘할 수 있도록 격려해주고, 함께 윈윈 할 수 있는 기회를 모색해보면 좋다.

엄마를위한스피드 유튜브동영상만들기

1 | 영상 구성해보기

본격적으로 유튜브 동영상을 만들기 위해서는 기획이 중요하다. 기획이 탄탄해야 최소의 비용과 노동력으로 최상의 퀄리티를 가진 영상을 만들 수 있다. 그러기 위해서 기획안부터 꼼꼼히 작성해야 한다.

아래 표는 영상을 구성할 때 꼭 필요한 내용이니, 표에 맞춰 작성해 보자. 정리하다 보면 촬영하고 싶은 영상의 방향이 잡힐 것이다.

영상 기획	
영상 타이틀	
영상 타깃	
키워드 / 태그	
제작 방향	
콘셉트 / 시간	
인트로	
바디	
클로징	

PPL 영상 기획안 예시

상세 영상 기획안	
제품 이름	아이케어로봇
캠페인 유형	브랜디드
영상 유형	체험 리뷰
영상 타이틀	내 아이가 폰 중독? 스마트폰 막아주는 로봇이 있다?!! #스마트폰중독 #예방 #로봇
영상 제작 방향	스마트폰 많이 사용하는 아이 / 아이케어로봇 사용해봤더니 / 엄마의 생생 후기
영상 타깃팅	2~40대 가정 경제 결정권을 가진 엄마들
영상 키워드	#교육 #스마트폰중독 #폰싸움 #눈보호 #4차혁명 #아이케어로봇 #인공지능
참고 영상 URL	http://www.youtube.com/watch?v=a-XlhkauEQY&t=22s
영상 시간	10분 내외
브랜드 / 제품 노출 비중 %	약 70%

세부 영상 연출 기획안		
콘셉트	**시간**	10분 이내
인트로	3분	#키즈 카페에서 우아하게 책을 보는 엄마 1 "아들 둘 맘이라고요?" "네." "키즈 카페에서 이렇게 여유있게 책을 보는 법, 그 비법을 소개합니다!"
바디	3분	#스마트폰 보는 아이. (자막: 30분 경과) #엄마 1, 2 엄마 2: 그만해! 뒤로 가! 눈 나빠져! 머리 나빠져!(잔소리 폭발) 엄마 1: 저도 처음엔 그랬는데, 하도 답답해서……. 친구가 선물해준 아이케어로봇을 썼더니 훨씬 수월해졌어요~ 일단 로봇이라 아이들이 좋아하더라고요~ 엄마 말은 안 들어도 로봇 말은 듣더라고요.(웃음) #아이케어로봇 사용 모습 스케치
클로징	3분	리뷰) 오늘 제가 소개해드릴 옆집 엄마 추천 아이템은 바로 '아이케어로봇'입니다. 폰 때문에 엄마랑 아이랑 싸우는 모습을 종종 보게 되는데요.(물론 남편이랑도 싸우게 됩니다.) 스마트폰 때문에 폭발하는 엄마들을 위한 신박템! 굳이 입 아프게 잔소리하고 애랑 싸우고 그럴 필요가 없습니다. 제품 시연) 아이케어로봇에 스마트폰을 딱 연결하면요, 엄마가 신경 쓸 필요가 없습니다! 초음파 탐지기로 아이의 눈을 보호해주고, 지정한 시간이 되면 자동으로 영상이 꺼지니까요. 아이도 스스로 받아들이더라고요. 무엇보다 아이들이 좋아하는 로봇에다가 디지털 기계에 관심이 많은 얼리어답터 엄빠들은 혹하는 아이템입니다. 로봇 만드는 전문 회사에서 엄마의 마음으로 만든 제품이라고 합니다. 맘스라디오~ 특별가로 가져가세요. 구매 링크는 밑에 설명에 있습니다~.

① 키워드를 잘 설정하자

유튜브는 마케팅과 직결되어 있다. 그래서 제목, 키워드를 어떻게 정하느냐에 따라 조회 수에 결정적인 영향을 미친다. 언제나 키워드를 생각하고 영상을 기획하자.

그리고 유튜브는 태그를 500개까지 입력할 수 있다. 태그도 많이 입력하여 관련 검색어로 내 영상이 추천되도록 하자. 세계적인 유튜브 바다에서 살아남으려면, 키워드와 태그는 항상 신경 써서 준비해야 한다.

② 초반 20초를 사로잡아라!

영상 자체에서 가장 중요한 부분은 도입부, 인트로다. 초반 20초 안에 시청자의 마음을 사로잡지 않으면 다른 채널로 이동하기가 쉽다. 20초 안에 시청자를 사로잡아라!

인트로에서 이 영상을 끝까지 시청해야 하는 이유가 어떻게든 납득되어야 한다. 호기심을 자극하든지, 어떤 꿀팁을 전수할 것이라든지, 생각할 틈 없이 몰입되게 한다든지…….

인트로에서 영상미, 음향, 자막, 효과 등을 최대한 신경 써서 만드는 것이 중요하다. 시작이 좋아야 끝도 좋다.

③ 도대체 무슨 말을 하려고 하는가?

영상을 보고 났는데, 대체 무슨 말을 하려는 건지, 마무리가 안 되는 영상을 보면, 괜히 시간을 허비했다는 생각이 든다.

썸네일과 인트로에 끌려서 들어왔는데, 바디와 클로징이 약하면 그 채널에 대한 신뢰도가 급격히 떨어지기도 한다. 소위 '낚였다!'는 기분이 들면서 채널 영상에 대한 기대와 신뢰가 떨어진다.

물론 완벽한 영상은 없지만, 잘 만든 영상은 위의 것을 모두 치밀하게 계획하여 촬영, 편집한 영상이다.

찍고 싶은 영상이 있을 때, 이렇게 세부적인 전략을 짜고, 촬영한다면 만드는 사람이나 보는 사람이나 훨씬 수월할 것이다.

④ 촬영은 스마트폰으로 해보자

쉽게 촬영할 수 있는 장비는 스마트폰이다.

삼각대와 스마트폰 마이크까지 있으면 촬영 준비는 끝난다. 실내에서 촬영을 한다면 작은 조명이라도 있어야 하고, 조명이 없다면 날씨가 좋은 날 야외에서 촬영하자. 단, 자연광이 가장 좋긴 하지만 소음은 주의할 것!

2 | 편집 및 업로드 해보기

휴대폰으로 촬영했다면, 키네마스터(KineMaster)라는 어플을 다운받는다. 스마트폰에 있는 영상 클립을 편집 화면에 올려놓고, 가장 먼저 음향 볼륨을 자동으로 혹은 150~200%까지 높인다. 색 보정을 한다.

이 어플은 직관적으로 편집하기 쉽게 만들어졌다. 만약 어렵다면, 처음에는 기본 볼륨 조절과 색 보정만 한 후에 출력하여, 유튜브에 업로드 해보자.

내보내기를 클릭하면 된다.

유튜브에 들어가면 홈 화면에 카메라 모양이 있다. 이것이 영상을 올릴 수 있는 버튼이다. 카메라를 클릭하면 녹화(편집된 영상)인지, 실시간 방송인지 선택할 수 있고, 여기서 녹화(카메라) 버튼을 클릭하여, 편집해 놓은 내 영상을 올리면 끝이다.

사전에 작성해 놓은 영상의 타이틀, 설명, 태그 등을 입력하고, 영상 공개 여부는 '공개' 혹은 '미등록(링크가 있는 사람만 볼 수 있음)' 또는 '비공개(예약)'로 설정할 수 있다.

그리고 썸네일을 미리 만들어 놓았다가 미리 보기 화면으로 설정해 놓는다.

썸네일 만드는 팁

썸네일은 영상의 표지 화면(미리 보기)이다. 한 장으로 영상의 분위기, 흐름을 다알 수 있어야 하기에 영상을 만드는 것만큼 중요하다.

쉽고 빠르게 만드는 법은 영상의 하이라이트 장면을 캡처하여 거기에 제목을 적는 방식이다.

사람의 얼굴을 선택할 경우, 이왕이면 화면의 반을 차지할 만큼 크게 얼굴을 배치하고, 활짝 웃거나 손동작이 함께 들어간 장면이 좋다. 액티브하면서 무언가를 말하려는 확신에 찬 분위기를 풍기기 때문에 클릭하고 싶은 욕구가 생긴다.

아래 영상은 그야말로 즉석에서 생방송으로 만들었는데, 조회 수 77만 회를 기록했다. 김유라 씨는 아들 셋 키우며 재테크에 성공한 엄마로 유명하다. 일명 선한부자 프로젝트 카페를 운영하고 있으며, 매일 밤 11시에 김유라TV에서 진행하는유튜브 생방송은 고정 팬층이 두터울 정도로 인기가 많다.

영상 보기

3 | 홍보 채널 확보하기

이제부터가 본격적인 시작이다. 영상이 업로드 되면 영상마다 링크 주소가 생성된다. 공유하기에서 생성되는 링크 주소를 여기저기에 공유하면 된다.

① SNS 활용

카카오톡으로 주변 사람들에게 공유한다. 그리고 내가 운영하고 있는 SNS 채널에 영상에 대한 설명과 함께 링크 주소를 붙여 넣는다. 단, 인스타그램은 링크가 활성화되지 않기 때문에 영상으로 유도하기 힘들다. 인스타그램의 경우, 프로필에 자신의 채널 링크를 넣으면 된다.

② 셀럽들과의 콜라보

혼자의 힘으로는 약하다. 이미 많은 구독자층을 확보한 사람들에게 연락하여 인터뷰를 요청하거나 출연 의사를 밝히는 게 좋다. 인맥을 활용하자.

만 명 이상의 구독자를 보유한 셀럽들과는 콜라보가 쉽지 않다. 강력한 콘텐츠 혹은 출연료를 내고 방송해야 한다는 점에 유의하자.

③ 최고의 홍보는 지속적인 콘텐츠 제작

나는 유튜브 크리에이터를 21세기 농부라고 말하고 싶다.

날마다 모를 심는 마음으로 콘텐츠를 업로드 하자. 모를 심자마자 열매가 나는가?

매일 들여다본다고 조회 수와 구독자 수가 증가하지 않는다. 그저 매일 꾸준히 콘텐츠를 찍어 올리고, 또 계속하다 보면, 내가 잠든 사이에 누군가가 내 영상을 클릭해서 보고, 좋으면 공유하고, 또 다른 사람이 공유하고 그러면서 채널이 성장한다.

조회 수와 구독자 수에 연연하지 말자. 꾸준하고 성실하게! 모심는 마음으로 성실하게 콘텐츠를 제작하면, 반드시 열매로 거두게 되어 있다.

보겸TV의 보겸 님은 대구의 시골에 내려가 생활하고 있다. 그는 그야말로 전형적인 21세기 농부와 같다. 그는 아프리카TV와 함께 유튜브에서 5년 이상 콘텐츠를 만들었는데, 안 해 본 콘텐츠가 없었다. 먹방, Vlog, 리뷰 등 이것저것 다 해보면서 자신만의 스타일을 찾았다.

그는 옆집 형 같은 이미지다. 매번 실수하고 여기저기 당하고 사는 털털한 옆집 형 말이다. 그의 영상은 시트콤보다 재밌다. 억지로 만들어낸 상황이 아니라 일상 속의 소소한 이야기를 재밌게 풀어낸다.

슬리퍼에 편한 반바지를 입고, 시골 생활을 즐기는 그는 농부처럼 매일매일 성실하게 콘텐츠를 올리고 있으며, 현재 350만 명의 구독자가 그의 방송을 매일 시청하고 있다.

이렇듯 농부의 마음으로 꾸준히 콘텐츠를 올리다 보면, 어느 날 수많은 동영상 중에 하나가 내 채널을 먹여 살리는 날이 올 것이다. 그렇게 되면 지금까지 만들어 놓았던 영상들이 덩달아 높은 조회 수로 날아오르게 된다.

그런 날을 기대하며, 지금 당장 유튜브를 시작해보자!!!

마인드맵 그리기

본문 23쪽 참고

영상 기획안 만들기

영상 기획	
영상 타이틀	
영상 타깃	
키워드 / 태그	
제작 방향	
콘셉트 / 시간	
인트로	
바디	
클로징	

부록 237쪽 참고